前言

长安，西安的古称，是中国历史上第一座被称为“京”的都城。长安作为中国的政治、经济、文化中心长达千余年，先后有13个王朝和政权建都于此。在中国历史上的鼎盛时期——唐代，长安不仅是我国历史上规模最大的城市之一，也是当时世界上规模最大的城市之一，是世界各国和地区向往的黄金帝都。

唐长安城由宫城、皇城、外郭城三个部分组成。宫城是皇帝和皇族居住的地方，有西内太极宫、东内大明宫、南内兴庆宫“三大内”。皇城是唐朝中央军政机构和宗庙所在地。外郭城是都市居民居住和开展经济文化活动的地方，分万年、长安两县治，约有108个里坊，两县名寄托着“万年长安”的美好寓意。

生活在长安城的芸芸众生中，除皇族、显贵、官员、百姓、兵士、奴仆、杂役、佛道僧尼、少数民族外，还有外国的商人、使者、留学生、留学僧等，他们一起上演了大唐帝国最为重要、最为精彩的历史瞬间，也演绎着里坊小巷里百姓的烟火日常。随着唐帝国的衰亡，长安失去了往日的中心地位，明洪武二年（1369），朱元璋在唐长安城皇城的基础上，修建了西安城墙，改为西安府，取“安定西北”之意，也就是今日的西安。

笔者走过西安的大街小巷，常常会畅想这里曾经大唐的盛世荣光，于是就有了将西安城与唐长安城一一对应的想法：曾经的皇城、里坊在西安的什么位置，住过什么名人，发生过什么事，出土过什么文物，流传下什么和我们现代人有关的故事、传说、习俗、美食？这样充满生活气息的历史连接是非常有趣的，这也是写《趣话长安里坊》这本书的初衷。

《趣话长安里坊》用精美的手绘图将长安的宫城、皇城、里坊与西安市的街道一一对应，并用旅行手账式的小故事，将王亲贵族、名臣将相、文人墨客、神医道士的大故事小趣闻一一道来；将开元节、千秋节、樱桃宴、曲江宴等盛世欢庆的场面一一描绘；将打马球、逛庙会、迎佛骨、剪彩纸等长安贵族与百姓的娱乐生活画面一一勾勒，将回荡在坊间的小吃毕罗、乾县锅盔、葫芦鸡的香气一一留在字里行间。此外，本书选取了唐代经典画作，出土的唐代壁画、墓志、文物等作配图，精美绝伦，令人叹为观止，透露着穿越时光的盛世韵味，骄傲地向我们还原着那个充满烟火气息、富有情趣的辉煌灿烂的唐长安城。

笔者将唐长安城与西安城的位置做对应时，主要参阅了清代徐松所著的《唐两京城坊考》、李健超所增订的《最新增订唐两京城坊考》，文中的故事则是以《隋书》、两《唐书》和唐代笔记小说如《太平广记》《酉阳杂俎》《朝野佥载》《两京记》《开元天宝遗事》《唐语林》《唐摭言》等为史料来源，不多着墨于帝王将相的成功学传记，更关注百姓琐碎的家长里短、里坊的烟火气息、小巷的娱乐八卦，尽量让内容充满活力和趣味，更贴近普通人的日常。由于唐长安城规模庞大，一本书的体量难以道尽其详，《趣话长安里坊》分为①②两册讲述：①册内容为“三大内”、皇城和城南36坊的故事；②册则包括东西外城郭72坊的内容。

不得不说，我完成这本有趣的书是非常享受的。不仅如此，我也深刻地体会到：大唐的气象一直弥漫在这片古老土地的琐碎日常中，大唐的精神一直流淌在我们中华儿女的血脉里，不曾随时光流转而逝去。这种精神和文化的传承，不仅是我们民族自信的来源，也是我们源源不竭的发展动力。

左其诚

2022年4月

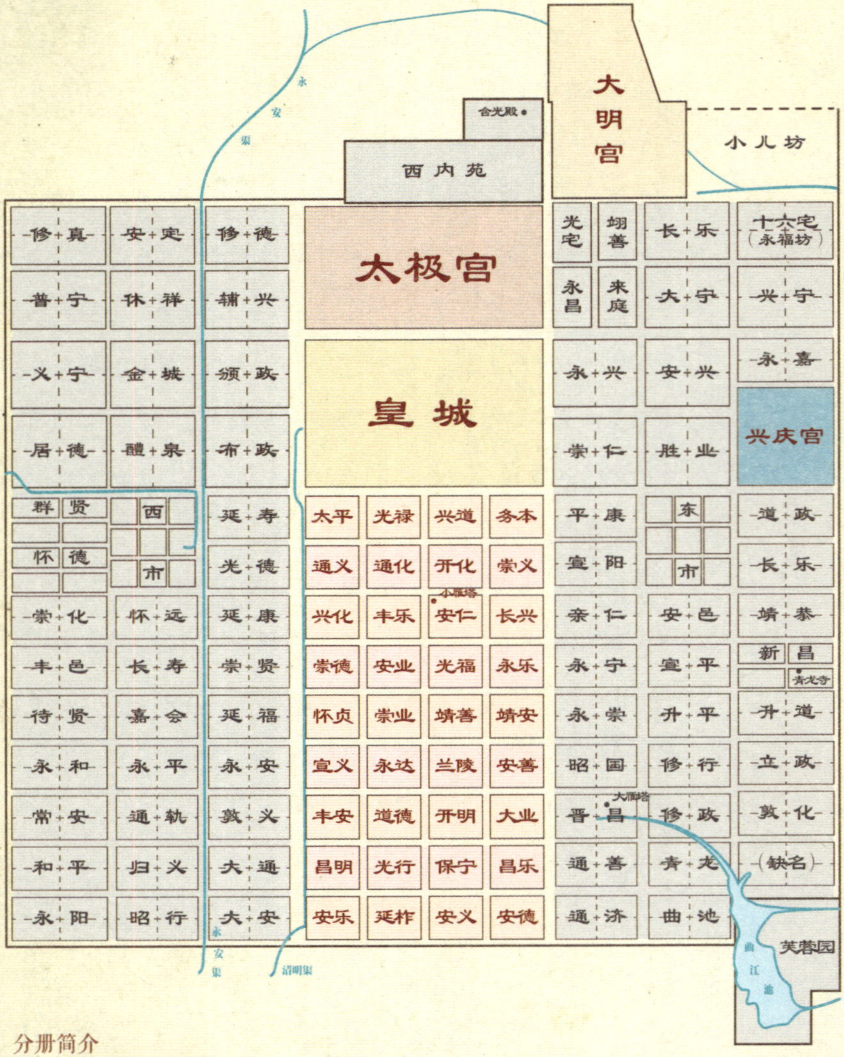

分册简介

点亮部分：《趣话长安里坊①》 灰色部分：《趣话长安里坊②》

目录

长安里坊趣话

1 《走马长安系列》

左其诚 著

陕西新华出版传媒集团
三秦出版社

永安渠
光化门
景曜门
芳林门
玄武门
安礼门
太液池
大明宫
太极宫
钟楼
鼓楼
开远门
皇城
碑林博物馆
西市
漕渠
金光门
小雁塔
延平门
大兴善寺
大雁塔
安化门
明德门
启夏门
清明渠

长安里坊

第一章

大唐伊始太极宫

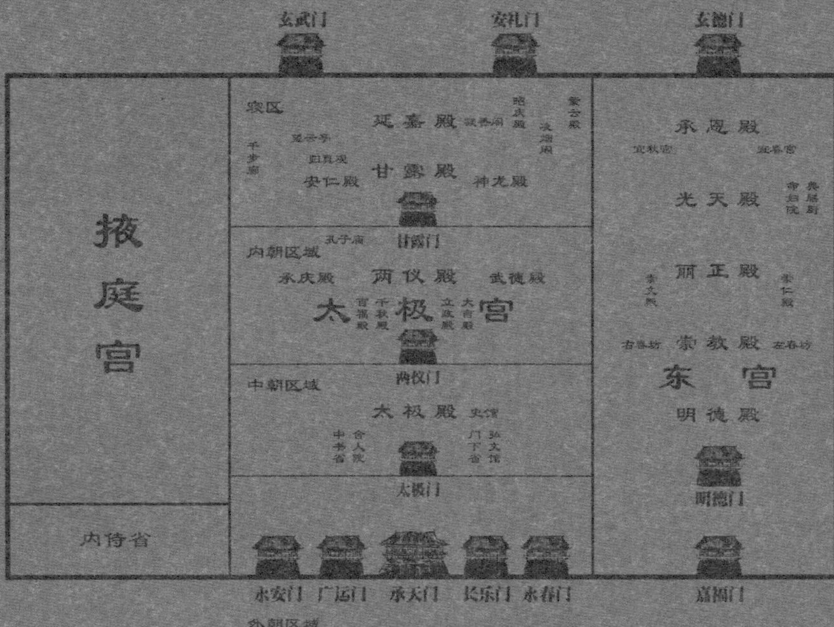

太极宫属于宫城，是皇帝和皇族居住和生活的地方。隋文帝开皇二年（582），总设计师宇文恺奉命建造隋都城大兴城，建成后“太极宫”便是隋朝的皇帝内宫，那时称“大兴宫”。

唐灭隋后，初期的国力不足以兴建新的宫城，便沿用隋大兴城为都城，改名为“长安城”，取长治久安之意。唐朝初期的3位帝王：高祖李渊、太宗李世民和高宗李治，都是以此宫为内宫。太极宫是大唐初期的政治中心，为帝国的成长奠定了重要的基础，经过三代帝王励精图治，国力日盛，更为壮丽大气的大明宫修葺完成。高宗李治后期就带着武则天皇后搬进了新的宫城，政治中心就此转移，太极宫位于西边，就被称为“西内”。直到睿宗李旦景云元年（710），大兴宫才正式改名为太极宫。在道教观念里，太极是万物本源，这个名称也象征着大唐帝国的基础和源头都在太极宫。

太极宫的前世今生

唐代的宫城是规模宏大的宫殿群，面积为4.2平方千米，呈长方形，由太极宫、东宫、掖庭宫三部分组成。其中，太极宫就是政治中心，集行政办公、生活娱乐功能于一体；东宫乃皇太子的居所，也称春宫；掖庭宫则是供唐时宫女居住和犯罪官僚家属妇女劳动之处。掖庭宫与东宫两处宫殿如双翼环抱，守卫着皇帝居住的太极宫。

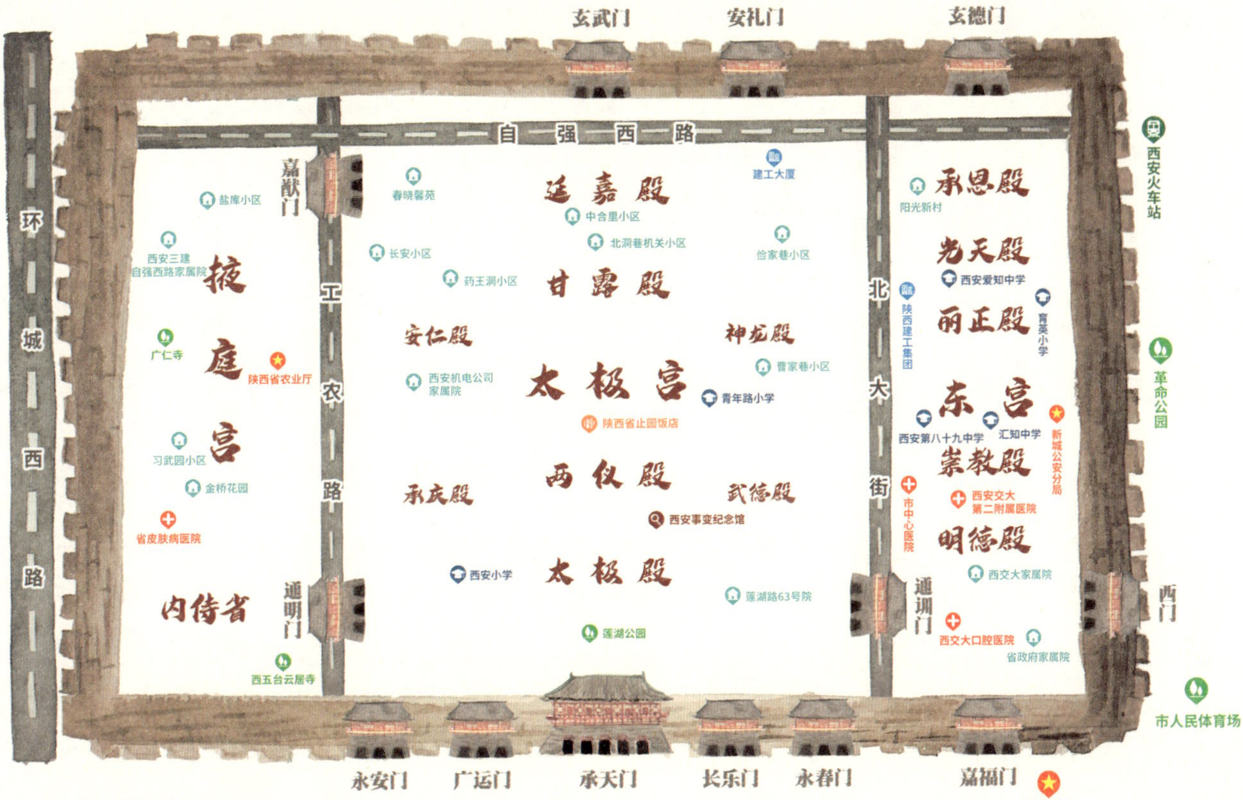

太极宫原址古今对比示意图

太极宫作为皇帝居所，面积约 1.9 平方千米，是现代普通人住宅面积（按 100 平方米算）的 2 万倍。内有殿、阁、楼、亭约 50 座，基本满足了皇帝办公、居家生活、家眷居住、游玩、祭祀等生活需求。出于礼制规定、皇家威严、安保功能等全方位的考虑，太极宫四面共开有 10 个城门。南面中轴线上的承天门是正门，沿着中轴线从南至北依次为太极宫的主要建筑：承天门—太极殿—两仪殿—甘露殿—延嘉殿—玄武门。其他殿院与阁门分布于中轴线两侧，左右对称。整座皇家居所布局严谨，气势恢宏。

作为皇家居所，太极宫内部宫殿严格按照古代宫室建筑“前朝后寝”的原则布局。前面部分称朝，主要承担政治功能；后面部分称内廷，主要承担生活功能。“前朝”宫殿又依据《周礼》中的“三朝制度”——外朝、中朝、内朝功能进行布局。

承天门外的大广场为外朝，是举行大典、接受外邦朝贺之处；太极殿为中朝，是皇帝主要听政视朝之处，每逢朔（初一）、望（十五）之日，皇帝均临此殿会见群臣，视朝听政；两仪门至甘露门的区域属于禁内，禁内的两仪殿属于内朝，只有少数大臣可以入内和皇帝商谈国事，氛围相对轻松随便，这里也经常是太宗欢宴大臣与贡使之处，唐太宗常在此殿宴请五品以上官员。再向两侧还有大吉殿、百福殿、承庆殿等。

甘露门以北属于寝区，是帝王和后妃居住区，即“后寝”，禁止外臣进入。寝殿甘露殿居中，左右有神龙殿和安仁殿，诸殿各有院落。

太极宫是初唐政事活动的中心，高祖、太宗在这里君临天下，成就了一代圣制；“贞观之治”政令皆由此地发出，贞观君臣论政的许多著名故事也都发生在这里。高宗龙朔以后，国家行政中心东移大明宫，但帝王仍有部分时间在太极宫听政，这里仍处于唐代重要的政治中心地位。遗憾的是，太极宫在唐末毁于战火，如今太极宫宫殿遗迹早已荡然无存，遗址大部分区域已经被城建工程所叠压，留存在地面的一些遗迹中最著名的是西安莲湖路南边的云居寺（西五台），还有修建在太极宫正南门承天门遗址之上的西安莲湖公园承天阁，以及西安光学仪器厂和西安铁路职业技术学院西校区内的太极宫北墙遗迹。

太极宫打卡

云居寺遗址

相传，唐太宗李世民之母笃信佛教，每年数次前往终南山南五台朝拜，往返百余里，旅途劳顿。李世民为母尽孝，特仿照南五台在宫城广运门以西，太极宫城南墙上，沿起伏地势，筑起五座高台，台上建有佛殿，供其母朝拜。因系仿照南五台修建，又与终南山南五台遥相呼应，故称西五台。又因该寺上空常见祥云环绕久聚不散，如菩萨显圣，故又称云居寺。关于云居寺来源另有《西安府志》记载：云居寺创建于宋代，建在唐太极宫与皇城的城墙台基之上。现残存的西五台殿宇系采用宋代“硬山式”建筑形式建造，因此后面一种说法更为可信。但云居寺的台基较完整地保留了太极宫的部分城墙，这一点是毋庸置疑的。因此，想要凭吊大唐初期的内宫城墙，是可以去云居寺走一走的。

西安云居寺

长安里坊

承天门

承天门是宫城正门，最初被称为广阳门，其后改名为昭阳门、顺天门，唐中宗神龙元年（705）二月才被称为承天门，是唐朝皇帝与群臣议政和举行国事活动的重要场所。

万方来朝

气势恢宏的承天门

承天门是长安宫城太极宫的正门，建于隋文帝开皇二年。据考古发现，承天门上建有高大的三出阙楼观，正中间的门宽 8.5 米左右，门道的进深就有 19 米。城门外左右有朝堂，东边有肺石（古时在朝堂外放的形状像肺的红色石头，可以鸣冤），西边有登闻鼓（设置于朝堂外，也是击鼓鸣冤用的）。承天门向南到朱雀门之间的街道异常宽阔，足有 400 多米宽，这片宏大的宫廷广场就成为皇帝举行“外朝”大典之处。

隋唐时期，皇帝每年元旦、冬至这两天都要举行大型典礼，除旧布新，奏乐设宴。届时，皇帝高坐在承天门门楼上，接受文武百官、各国使臣的朝贺，广场上金鼓齐鸣、百戏竞演、歌舞欢腾，百姓齐贺。除此之外，献俘虏之礼、册立太子大典、接待外邦使节以及大赦天下等大朝会活动，都在这里举行。唐太宗李世民曾在此册封儿子李治为太子，睿宗李旦曾在此即皇帝位，玄宗也曾在此受吐蕃宰相尚钦藏献盟书。每逢这些重大仪式，承天门外千官序立，金鼓齐鸣，乐舞并作，好一派盛世气象。

万国来朝（左其诚剪纸）

宵禁和承天门报时的故事

承天门除了能够举行隆重的外朝大典以外，还有一个看似不起眼却很实用的功能——报时。承天门的报时功能不是一开始就有的，还要从唐代的宵禁制度说起。

古代照明条件不好，一到晚上黑漆漆的，又没有监控，为了保证皇家安全，长安城实行严格的宵禁制度，一到晚上就不许百姓随意走动了。一旦犯禁，被抓住了，就是一顿板子，还有人因此被杖毙。

宵禁制度开始执行的时候，巡街士兵几乎靠“吼”传达宵禁的命令，当时还把这种方式美称为“传呼”。“传呼”显然不够高效，百姓、官员常常因为街头吵闹听不见宵禁命令而误时，有的被罚打板子，有的干脆就露宿郊外了。贞观十年，在门下省官员马周向的提议下，在承天门门楼上和通向长安城外郭城门的六条大街上设置“街鼓”报时。承天门就是报时系统的中枢，城门郎会按照承天门楼漏刻准时擂动暮鼓或晨鼓，其他六街闻鼓声相应跟随。

暮鼓约在下午 4 点到 5 点，擂鼓 800 声，宫城、皇城、外郭城及坊市门都要在鼓声结束时关闭上锁，街上禁绝人行，热闹的长安城少时就成了“六街鼓绝行人歇，九衢茫茫空有月”的空旷光景。

晨鼓则约在凌晨 3 点时响起，擂鼓直到天色发亮，长安城又开启了热闹非凡的一天：“六街尘起鼓冬冬，马足车轮在处通。百役并驱衣食内，四民长走路岐中。”

承天门前“红包雨”

承天门内的皇帝内宫里有很多有趣的活动，《开元天宝遗事》中就有记载：宫内的嫔妃为了消磨自己的后宫时光，就发明了一种排遣孤独的游戏——“掷金钱”。

图为西安何家村出土的金“开元通宝”，非流通货币，用于朝廷赏赐

她们常常在宫中三五成群，用皇室专供的金、银开元通宝进行“占卜”，通过掷钱的结果来预测谁在新的一年里运气好，或者在新年的第一天谁能给皇帝侍寝。据说，唐玄宗李隆基偶尔也会参与进来，与妃子们一起投钱嬉戏。

这种游戏后来还被唐玄宗发扬光大用来赏赐百官，承天门前也下起了“红包雨”。《旧唐书》有记载，先天二年（713）九月，唐玄宗在承天门楼上大摆筵席，招待群臣，并向楼下抛洒金币以作赏赐。楼下参加宴会的三品、五品以上官员争相拾之，这就是有名的“金钱会”。唐代诗人张祜在《退宫人》中勾绘出当时百官哄抢红包的盛况：“开元皇帝掌中怜，流落人间二十年。长说承天门上宴，百官楼下拾金钱。”

唐末，长安城被毁，当时京兆尹韩建封闭了其他城门，只保留了承天门，将承天门作为新城的北门，更名为玄武门。明洪武初年，西安城向北扩建，至此承天门消失殆尽。承天门残留有40多米的夯土遗址，如今已经建起了一座仿唐建筑承天阁，就在西安莲湖公园南侧。

长安里坊

太极殿

太极殿，太极宫的正殿，隋朝初建时名为大兴殿，唐初改称太极殿。殿名取自《周易》，“太极”乃天地万物本源之义，可见，太极殿在长安三内之中地位最尊。这里是唐初皇帝举行“朝会”的听政之地，高宗以后，皇帝多居大明宫，但登基大典与殡葬等大礼大事仍多在本殿举行。唐初，每逢初一、十五之日，皇帝登殿视朝，在京凡九品以上官员都要参加朝会。凡受禅，册封皇后、皇太子、皇太子妃、诸王、王妃、公主及宴百官贡使，也多在此殿举行仪礼，其间设宴奏乐。高祖李渊受禅代隋，德宗、顺宗、宪宗、穆宗、敬宗即皇帝位，也均在此殿。

太极殿的东侧设有门下省、弘文馆、史馆，西侧设有中书省、舍人院，为宰相和皇帝近臣办公的处所，以备皇帝随时询问政事和根据皇帝旨意撰写文书诏令。太极殿后门（北门）为朱明门，再北即两仪门，朱明门与两仪门之间的横街则是朝、寝之界。两仪门以内，则是皇帝与后妃的寝居之所，防卫更加严密。一条叫作永巷的横街把寝区分为前后两排宫殿，永巷南是皇帝生活区，即“帝寝”，永巷北是皇后、妃子居住区，即“后寝”，禁止外臣进入。

松赞干布

太极殿世纪求婚

据《旧唐书·太宗本纪》记载，贞观十四年（640），李世民宣布将弘化公主下嫁给由唐朝扶持起来的吐谷浑新可汗。同年，吐蕃赞普松赞干布也派使者携厚礼来长安求婚，希望迎娶一位大唐公主，但李世民拒绝了这门婚事。

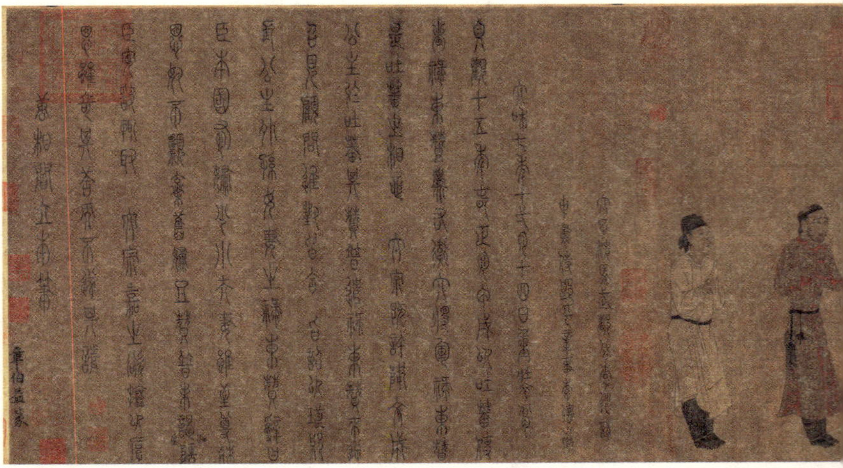

图为唐代国宝级画家阎立本作的《步辇图》宋摹本，图中描绘的是唐太宗李世民接见使臣禄东赞的重要时刻，穿红色衣服的就是禄东赞，他正在代表松赞干布向皇帝求娶大唐公主

吐蕃使者没有完成求婚使命，回去向松赞干布汇报时，把一切责任都推到吐谷浑可汗身上。松赞干布大怒，派大批军队猛攻吐谷浑，并率大军一直打到唐朝西部边境的松州（今四川松潘县）。原来归降唐朝的当地土著首领纷纷转向投靠吐蕃，很大程度上动摇了帝国西南边境的稳定。唐太宗立即派侯君集、牛进达等率军出征抗敌，初战告捷。

贞观十五年（641）春，松赞干布又派出吐蕃国相禄东赞来到长安，太宗李世民为表重视，在太极殿接待了他。禄东赞谢罪过后，献上黄金五千两及珍玩数百作聘礼，再次为松赞干布求娶大唐公主。这次，太宗欣然允婚，把文成公主许配给松赞干布。

文成公主随迎亲使禄东赞入藏，松赞干布亲自在柏海（在今青海玛多县）迎接，成亲后为公主大修宫殿，二人的婚姻成为千古佳话。当地百姓都很爱戴文成公主，后世的藏文史书将文成公主描绘成绿度母菩萨的化身。

长安里坊

两仪殿

两仪殿是太极宫内第二大殿，隋时称中华殿，唐贞观五年（631）改名为两仪殿，殿名也取自《周易》："易有太极，太极生两仪。"两仪殿是举行"内朝"之地，是皇帝与宗室集议及退朝后与重臣、近臣议政之处。内朝位于禁内，不摆仪仗，君臣言谈举止较为随意。太宗李世民曾在这里殿宴西突厥使者和吐蕃使者，也在此殿册立晋王李治为太子。

魏徵直言进谏得金瓮

唐太宗李世民继位初，兵源不足的问题总是困扰着他。右仆射封德彝建议：不满 18 岁的男子，只要个子够，也可以应征入伍。唐太宗觉得建议不错，当即同意下诏。魏徵却将诏书扣住不发，太宗李世民催了几次，魏徵还是无动于衷。唐太宗大发雷霆，把魏徵召到两仪殿，训问他为何扣发自己的诏书。魏徵不慌不忙地说："臣听说，把湖水抽尽捕鱼，虽能捕到鱼，但到明年

魏徵

就无鱼可捕了；把树林烧光捕野兽，也会捕到野兽，但到明年就无兽可捕了。如果把那些身体强壮但不满 18 岁的男子征来当兵，以后还从哪里征兵呢？国家的租税杂役又由谁来承担呢？陛下的诏书上清楚地写着征召 18 岁以上的男子当兵，现在不到 18 岁的也要征，这岂不是说话不讲信用吗？”一番陈词说得唐太宗哑口无言，好半天才说：“我过去总以为你固执，不通情达理，今天听你议论国家大事，才知道我的过错很大啊！”然后立即下诏，免征不到 18 岁的男子，还赏赐给魏徵一口大金瓮。

太宗做戏自杀立太子

唐太宗李世民即位以后，年仅 8 岁的长子李承乾就被册立为太子。后来，李承乾患上足疾，形象不好不适宜做储君，再加上他性格叛逆，溺于游乐，实在难以胜任储君之位。魏王李泰见自己皇兄失德，便想替代他成为储君，储位之争愈演愈烈。

贞观十七年（643），唐太宗李世民在太极宫两仪殿召开御前会议。会议结束后，太宗屏退左右，只留下长孙无忌、房玄龄、李勣、褚遂良四位重臣，对他们说："我有三个儿子、一个弟弟都为了储君之位互相残害到这个地步，朕实在伤心啊！"说到痛处，太宗自投于床，欲拔佩刀自杀。现场顿时乱成一团，长孙无忌等人争相扶抱，褚遂良把佩刀夺下来递给晋王李治。唐太宗叹息地说道："我想立晋王为太子。"长孙无忌等人赶紧奉诏跪下，表示坚决支持李治继位。

唐太宗李世民

长安里坊

立政殿

中国封建时代的后妃是一个饱受关注的群体，她们凭借自己的特殊身份，有的结党营私，扰乱朝纲，留下了“红颜祸水”的千古骂名；有的则贤惠有德，深明大义，成为千古一后。唐太宗李世民的皇后长孙氏就是后者当中很突出的一位。贞观三年（629）四月，长孙皇后将立政殿作为寝殿，在此生活了七年时间，留下了很多传世故事。

唐太宗的皇后长孙氏，小字观音婢，鲜卑族，父亲是有着“一箭双雕”美誉的隋著名将领长孙晟。父亲早亡，她8岁被舅父高士廉抚养。13岁时，按婚约嫁给唐国公李渊的次子李世民。隋末战乱动荡的日子，她与李世民甘苦与共，相濡以沫，陪着他出生入死，陪着他君临天下。长孙氏与李世民感情一直很深厚，李世民继位后，仅13天就封长孙氏为皇后，很快又封长孙皇后的长子李承乾为太子。长孙皇后给李世民生了三个儿子和四个女儿，长子李承乾，次子李泰，小儿子李治，她生的

图为东晋顾恺之的《女史箴图》唐代摹本（局部），赞扬了封建社会上层女性的女德，长孙皇后亦著有《女则》十篇

长乐公主，太宗也钟爱异常。长孙皇后聪慧贤德，仁爱博学，慈孝俭朴。她坚守女德，正道而行，适当进谏；她以身作则，恩泽后宫，母仪天下。可惜的是，长孙皇后年仅 36 岁崩逝于太极宫立政殿。在唐太宗李世民的心里，长孙氏“比齐越姜，匹宋逾子”，长孙氏死后，

李世民再没有册立皇后。《旧唐书》对她也评价颇高：“贤哉长孙，母仪何伟。”

长孙皇后
“朝服进谏”的大智慧

一次，太宗李世民下朝回到寝宫，怒气冲冲地说：“我以后找机会一定要杀了那个乡巴佬！”长孙皇后听了便问：“是谁惹怒了陛下？”李世民回答：“除了魏徵这个乡巴佬，还有谁敢在朝堂上顶撞我！”长孙皇后面对盛怒中的丈夫，默不作声，退到里间，换上了正式的朝服，然后走到丈夫面前施君臣大礼表示祝贺。李世民十分吃惊，长孙皇后则笑道：“臣妾听说君主开明则臣下正直，如今魏徵正直敢言，是因为陛下是明君，臣妾怎能不祝贺呢！”太宗听罢转怒为喜，之后更加重视魏徵，成为纳谏如流的贤明之君。

长安里坊

神龙殿

神龙殿是唐长安太极宫寝殿之一，位于两仪殿东北神龙门内。因中宗神龙年间居此，遂称神龙殿。神龙殿里住过真龙天子，也亡过真龙天子：中宗李显、玄宗李隆基均亡于此殿。

可怜中宗

被妻子、女儿合谋害死的皇帝

唐中宗李显，是高宗第 7 个儿子，武后所生。高宗死后，李显继位。母亲武则天把他废为庐陵王，流放房州（今湖北房县），自己临朝称制。李显曾多次想要自杀，都被妻子韦氏拦住并温柔劝抚。一起被流放的艰难日子让李显对妻子韦氏和流放途中出生的小女儿安乐公主感情深厚，他曾经向韦氏承诺，将来他继位了，她要什么就可以给她什么。

后来，李显再次坐上了皇位，恣意享乐，任凭妻子韦后和小女儿安乐公主擅权乱政，诛杀功臣，滥封官

唐中宗李显定陵前的蹲狮

爵。韦后和安乐公主没有满足于眼下的一切，她们想要的是江山。《旧唐书》载，景龙四年（710），安乐公主想要韦皇后效仿武则天临朝称制，并要求立自己为皇太女，没有得到中宗的许可。于是母女二人合谋，进毒饼谋害中宗，中宗李显被毒杀于神龙殿，年仅55岁。

凄惨度余生

玄宗亡于神龙殿

安史之乱以后，盛唐由盛转衰。玄宗李隆基退位成为太上皇，儿子肃宗李亨继位后对他戒心重重，只留陈玄礼、高力士等人在玄宗身边侍候，连禁军全部都是李亨派去的。当年打造开元盛世，与杨贵妃有着倾世爱恋的盛世雄主颓唐失意，不复当年英姿，住在兴庆宫里，很少公开露面。

乾元元年（758），因为对逝去的爱妃杨玉环心怀愧疚，唐

图为元代任仁发《张果老见明皇图》局部

玄宗想改葬杨贵妃，却遭到众臣反对。因为如果改葬贵妃，就等于否定了肃宗李亨马嵬事变的合法性，肃宗无论如何也不能接受。

郁闷至极的玄宗经常登临临街的长庆楼向外观望。楼下往来的百姓望见他，想起玄宗开创的开元盛世，对他无比崇拜，便山呼万岁。这样的情景让玄宗感动又惭愧，玄宗因此经常命人在楼下置酒食，赐给过往父老。

哪知这些举动引起了儿子肃宗极大的不满，认为他有收买人心之嫌，很快，76 岁的唐玄宗被强迫移居太极宫甘露殿。玄宗身边的心腹也一一被肃宗撤走：高力士被流放到巫州，陈玄礼被强令退休，原来侍奉玄宗的宫女也全部被更换。从此，唐玄宗日日茕茕孑立，形影相吊。每天除了思念杨贵妃外，玄宗还辟谷修炼以打发余生，结果营养不良，身体每况愈下，终于在宝应元年（762）四月死在了太极宫神龙殿。

长安里坊

玄武门

太极宫北门叫玄武门。按星象来说，玄武由七个星宿组成，是代表北方的星象。在神话中，玄神是北方之神，是一种龟蛇合体的水神。因为玄武门是距离皇帝寝宫最近的门，唐代许多重大的政变都在这里发生，可以说玄武门见证了一幕又一幕兄弟喋血、骨肉相杀的皇家秘史。

争帝位

兄弟喋血玄武门

唐帝国建立后，高祖李渊虽然按照“立嫡以长”的原则将长子李建成立为太子，但次子李世民不仅为大唐建立立下了不世之功，还文武双全，军功日盛，风头逐渐超过了太子。太子集团和以李世民为首的军功集团的矛盾日渐激烈，有一触即发的态势。

武德九年（626）六月初一，太白金星在白天出现于天空正南方的午位，按照古人的说法，这是“变

玄武是传说中龟蛇合体的神兽，图为唐玄宗时期著名宦官苏思勖墓室壁画中的玄武形象

天”的象征，是权力更迭的前兆，朝野上下顿时议论纷纷。

太子李建成为了保住自己的储君地位，与四弟李元吉勾结，先发制人，不断陷害李世民，且用毒酒鸩杀李世民未果。秦王府上下人人焦虑不安，李世民与秦王府旧部尉迟恭、长孙无忌等人商议对策，最终决定利用六月初四李渊为调解兄弟间矛盾的契机，发动政变。

六月初四早晨，秦王李世民率领秦王府将士预先设伏在玄武门内，待李建成、李元吉到达玄武门时，李世民亲自射杀了太子李建成，其手下将齐王李元吉诛杀，史称“玄武门之变”。

政变发生时，唐高祖李渊正在宫内的海池上划船，等待自己的三个儿子来找他。玄武门之变后，李世民手下尉迟恭身披铠甲，手握长矛，径直来到高祖所在的船上禀报：“秦王因为太子和齐王作乱，起兵诛杀了他们。秦王殿下担心惊动陛下，故派臣来担任警卫。”唐高祖李渊见事已至此，也无可奈何，只好册立李世民为太子，不久便宣布退位。李世民即位，改元贞观，开启了世人称赞的贞观之治。

民间传说

秦琼敬德门神由来

太子李建成和齐王李元吉玄武门被诛后，太宗李世民为了斩草除根，将二人的孩子全部斩杀。传说李世民因杀害自己的亲人过多，恐惧兄弟子侄的鬼魂前来索命，于是派尉迟恭（字敬德）与秦琼（字叔宝）担任门前守卫以保护自己的平安，但这并非长久之策，于是绘制两人的画像挂在门口，这就成为后世门神的由来。图中，拿刀和鞭的是尉迟恭，拿枪与锏的是秦琼。

尉迟恭和秦琼门神画像

欲夺权

姑侄反目终自缢

武则天有四个亲生孩子，长子李弘，二子李显，三子李旦，小女儿太平公主（还有一女儿幼年夭折）。作为幼女，太平公主备受宠爱，武则天执政时期，她权力就不小。后来，武则天还位于李显，李显死后，妻子韦后称制。太平公主和侄子临淄王李隆基一起发动政变，夺皇位给李旦，立下大功。太平公主地位更加显赫，朝堂势力一再扩大；李隆基后来被立为太子，姑侄二人成为朝廷两大权力集团的核心，两人常因政见不合，多次发生剧烈冲突，太平公主遂产生废除李隆基的想法。

《旧唐书》载，先天二年（713）七月三日，尚书左仆射窦怀贞，侍中岑羲，中书令萧至忠、崔湜，雍州长史李晋，左羽林大将军常元楷，知右羽林将军事李慈等与太平公主同谋，准备以羽林军入武德殿杀李隆基。

李隆基得到密报后，抢先采取了行动，与殿中少监姜皎、中书侍郎王琚、吏部侍郎崔日用等定计。派王毛仲取闲厩马及家人三百余人，率太仆少卿李令问、王守一，内侍高力士，果毅校尉李守德等亲信十数人，出武德殿，入虔化门，将太平公主安插在禁军中的常元

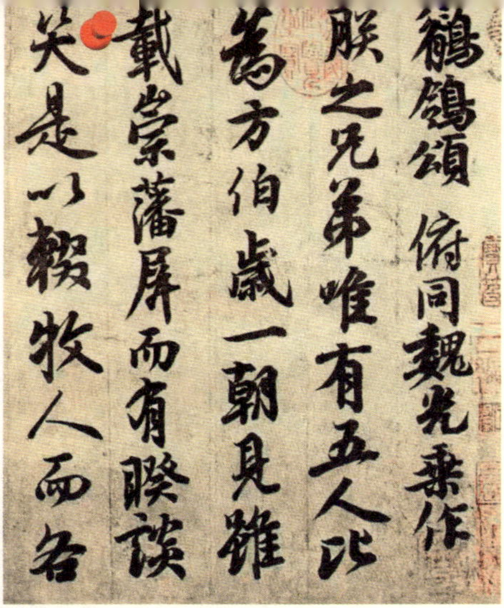

图为唐玄宗李隆基唯一的传世墨迹《鹡鸰颂》。字如其人，玄宗字丰腴流丽，印证了他热爱艺术的一面；也绝不失风骨和气势，能够透露出王者霸气的一面

楷、李慈枭首北阙（玄武门北），控制了禁军，是为先天政变。次日，睿宗李旦下诏，给儿子李隆基交出了全部的权力。

先天政变中崔湜、岑羲、萧至忠、窦怀贞等四位宰相，常元楷、李慈等禁军将领以及李晋等地方大员悉数因跟随太平公主谋反而被杀，太平公主也自缢身亡。此次政变完成了唐朝政界的一次大换血，为之后的开元盛世奠定了良好的政治环境基础。

玄武门打卡

名载史册的玄武门今何在？

唐时期的太极宫玄武门曾见证了无数政权更迭，千年之后，这扇门只留下了巨大的夯土台基。太极宫玄武门遗址在西安铁路职业技术学院西校区内，由铁栅栏包围保护，仅存一小块石基，甚不起眼，着实让人可叹。

长安里坊

凌烟阁

“男儿何不带吴钩，收取关山五十州。请君暂上凌烟阁，若个书生万户侯。”这是晚唐诗人李贺的诗，诗中的凌烟阁是建在长安城太极宫内三清殿旁边的一座三层阁楼，阁楼里悬挂着对唐朝最有贡献的功臣画像，当时的士人臣子莫不以能够比肩凌烟阁功臣为终身目标。

太宗李世民步入他的中晚年时期，常常追忆往事，遥想当年金戈铁马、气吞万里的峥嵘岁月。为了纪念和他一起打天下、治天下的功臣，贞观十七年（643），唐太宗李世民命画家阎立本绘制二十四功臣画像置于凌烟阁内。画像同真人大小，按功勋和爵位高低分三阁悬挂：最内一层所画均为功高宰辅；中间一层所画均为功高王侯；最外一层所画则为功臣。有长孙无忌、杜如晦、魏徵、房玄龄、尉迟敬德、秦琼等。二十四位功臣

的画像均面北而立，以示为臣之礼。这座崇高壮丽的凌烟阁屹立在长安宫城内，彰显了大唐盛世崇重功臣、能臣的务实精神。

除了凌烟阁二十四功臣以外，李世民也非常感谢随自己征战疆场的宝马。贞观十年，他命人雕刻自己最爱的“拳毛騧”“什伐赤”“飒露紫”等6匹宝马于巨石上，图为其中的“飒露紫”。这些浮雕石刻流传至今，其中两块被盗运至海外，其余藏于西安碑林博物馆

长安里坊

东宫

太子东宫自隋文帝时修好，隋太子杨勇、杨广，唐朝初期太子李建成、李世民、李承乾、李治都曾居住在此宫。自东宫设立以来，仅李世民在玄武门之变后（在非正常的情况下），曾短暂地在这里居住一段时间并处理公务。曾在此居住的李建成、李承乾都未能登上龙位宝座，且死于非命。后人均以为此地不吉利，故唐高宗李治龙朔三年以后，太子往往随其父皇居住在大明宫之内的少阳院。

秦汉、魏晋、南北朝时，嫡长制虽在实行，但废嫡立庶、废长立幼的现象时有发生。为巩固皇权和避免因继承皇位而引发的矛盾和争斗，自汉代以来，建立了“立储”制度，以确保太子顺利继承皇位。隋唐以来专门为太子设置了办公、交往和起居的建筑，因其位于宫城的东部，故称“东宫”。东宫建制为成为储君的太子在正式继位前提供了亲临朝政、锻炼能力的实习机会，但因此也容易形成太子党政治势力，东宫就成为触发矛盾的危机之地。

东宫南北长1492.1米，东西宽830米，面积约1.24平方千米，从南向北中轴线上依次有：明德殿、崇教殿、丽正殿、光天殿、承恩殿，其中丽正殿东西两侧分别是崇仁殿和崇文殿。

明德殿
李世民登基听政之地

东宫中的正殿就是明德殿，隋建成时称嘉德殿，唐初更名为显德殿。后因中宗李显为太子住东宫，避其名讳，改称明德殿。武德九年（626）八月九日，高祖李渊逊位后，太子李世民在此殿举行登基仪式，即在此殿听政，一直到贞观三年（629）四月，太上皇李渊由太极宫迁居大安宫后，太宗李世民才去太极宫太极殿听政。

《资治通鉴》载：李世民登基后，一心励精图治，经常在显德殿前的庭院里练习射箭，不仅自己练，还破格允许护卫们带兵器进入显德殿，陪自己练习射箭。他常常对侍卫们说："外部戎狄入侵，自古有之。其忧患在于心境，人们享受安逸而忘战，所以敌寇进犯时就不能抵御。今朕不需要你们去挖河池、筑城墙，只要你们

图为唐太宗李世民统治年间李寿墓的壁画《步行仪仗图》（局部），穿红衣的为朝廷重要官员，按衣服颜色来看应该是五品以上；穿白衣头戴黑色平巾帻的侍卫手举旗帜，应该是普通侍卫，头戴盔帽的应该是侍卫中的长官，唐初皇家侍卫的装束应该就是如此

居安思危，习武练功，和平时期，做你们的老师；突厥入侵，做你们的将帅，这样可保卫国家，让百姓过上安宁的日子。”

李世民每天带领数百人在显德殿前练习射箭，并且亲自操演。对成绩优秀者，以弓、刀、丝帛等给予奖赏。群臣多次上谏：“按照唐律，在君王面前带兵刃是死罪，今这些身份低微的人带着弓箭、兵刃伴随陛下左右，万一有疯狂之人图谋不轨，造成伤害，对国家将是重大的危害。”但李世民从不听信这些谏言，反驳说：“君王要将四海看成是自己的家园，生活在这里的百姓都是朕的忠心子民，朕要与他们推心置腹，怎么能够妄加猜忌呢！”基于这样的观念，数年之后，李世民把这些侍卫们都培养成了军中的精锐。

长安里坊

掖庭宫

掖庭宫是唐时宫女居住和犯罪官僚家属妇女劳动之处。南北长1492.1米，东西宽702.5米，面积约1.04平方千米。大致分三个区域：从南向北依次是内侍省、宫女居住区、太仓和众艺台。内侍省是宦官机构所在地，太仓是当时为宫城及皇城内行政机构供应粮食的仓库（另有一说太仓位于禁苑西）。2012年8月，中国社会科学院考古研究所汉长安城工作队在西安市未央区梨园路中段北侧抢救发掘了一处粮仓遗址，经确认为唐太仓遗址，其位于唐长安城外西北部，遗址北部紧邻唐代梨园遗址。

大唐职场女强人代表

上官婉儿

在唐朝的璀璨夺目的历史里，许多才貌双全的女子留下了充满传奇色彩的故事。其中的一位，从掖庭宫奴隶出身，因为才华和优秀的职业素养成为最得宠女官、

清代《百美新咏图传》中的上官婉儿

诗人，一步步走向了权力的最顶端，放在今天就是举世瞩目的职场女强人，她就是上官婉儿。

唐高宗李治在位时，上官婉儿的祖父上官仪替高宗起草将废武则天的诏书，武则天盛怒之下，将上官仪和他儿子上官庭芝下狱处死，刚刚出生的上官婉儿与母亲郑氏同被配没掖庭。为奴期间，在母亲的精心培养下，上官婉儿熟读诗书，不仅能吟诗著文，而且明达吏事，聪敏异常。

仪凤二年（677），武则天召见了年仅 14 岁的上官婉儿，当场出题考校。上官婉儿文不加点，且文意通畅，辞藻华丽，语言优美。武则天看后大悦，当即下令免其奴婢身份，让其掌管宫中诏命。从此以后，婉儿成为武则天最宠信的女官，从代写诏命到处理奏表再到参与政事，她的能力让她在宫廷职场中一路高升。后来，权势日盛、才华过人的她一跃成为中宗李显的昭容。她还留下了不少传世诗作，《全唐诗》里收录了 30 余首。这位传奇职场才女也逃不过权力的魔咒，她多与韦后和安乐公主往来，专秉内政，也有不少风流韵事。在唐隆政变中，被李隆基赐死，时年 47 岁。

双陆不胜

游戏和立嗣的故事

掖庭宫里的宫女常日劳作，间歇时间为了打发无聊，私下会玩一种叫作“双陆”的棋类游戏。双陆棋又称为“陆棋”，相传是在天竺（印度）传入的波罗塞戏基础上糅合六博的特点而创设的游戏，盛行于南北朝、隋唐及宋元时期，清朝灭亡后失传。双陆棋子为马，呈锥形，黑白各十五枚。两人相博，掷骰子按点行棋，白马自右归左，黑马自左归右，先出完者为胜。

唐代周昉画的《内人双陆图》（局部），图中两名贵妇正在下双陆棋，侍女靠在女僮身上观战，这说明双陆在唐朝的确是一个普遍的游戏

双陆在唐代曾风靡一时，连武则天也喜欢下双陆棋，《新唐书》记载：武则天曾经想立武三思为皇太子，询问朝中重臣们的意见。立嗣问题太敏感，没有人敢进言，只有狄仁杰直谏反对武则天的想法，认为应该立庐陵王李显为皇太子。狄仁杰的话惹得武则天很不高兴，就暂时把这件事搁置下来。

后来武则天梦见与大罗天女斗双陆，频频输给天女。醒后心事重重，召狄仁杰问："朕数次梦见双陆不胜，为什么呢？"狄仁杰答道："双陆不胜，因为无子啊。这是上天给您立太子一事的暗示，太子是国本，国本不定，自然天下危险。您想立武三思为太子，可是姑侄之间和母子之间的亲情哪一种更牢固、更长久？如果立庐陵王李显为皇太子，那么陛下千秋之后会进入李氏宗庙，长享李姓子孙后代的祭祀；而立武三思为皇太子，试想自古以来，哪有在宗祠当中祭祀姑母的做法？"

武则天有所感悟，终于在立儿子和侄子之间，做出决断。圣历元年（698），武则天恢复儿子李显的皇太子地位，圣历二年（699）封李旦为相王，使李唐王朝得以延续下去。

掖庭宫女的征袍诗姻缘

盛唐是一个包容开放、极富有想象力的时代，这样的时代便出现了许多浪漫梦幻的爱情故事，如破镜重圆、红叶题诗等。爱情不仅仅在王公贵胄身上可能发生，连出身掖庭宫的宫女也遇见了妙不可言的爱情。

唐玄宗李隆基开元年间，他命令宫女为戍边将士缝制一批棉衣。有一名武士在拿到棉衣时，发现棉衣里赫然绣着一首小诗："沙场征戍客，寒苦若为眠。战袍经手作，知落阿谁边？蓄意多添线，含情更着绵。今生已过也，结取后身缘。"

这首诗并未留名，诗人缠绵地叙述了自己身为一名小小的宫女的悲惨命运：生活在皇宫这座冰冷华丽的牢笼之中，今生

图为唐代张萱的《捣练图》宋代摹本，描绘了唐代城市妇女在捣练、络线、熨平、缝制劳动操作时的情景

已然无望，只能寄托在来世结缘一个好男儿，过上只羡鸳鸯不羡仙的幸福生活。她把今生的情意缝进棉衣中，却不知这棉衣会在谁的手中？

后来，这首诗被呈献给唐玄宗，他把这首诗遍示后宫，并许诺作诗者只要主动承认，便赦其无罪。有一名宫女勇敢地站出来，承认此诗是她所作。唐玄宗心生怜悯，有意促成了这段姻缘，把她嫁给了那个拿到诗的武士，并对她说："我帮你促成今生的姻缘。"

掖庭宫揭秘

内侍省存在的证据

内侍省是掖庭宫里的宦官机构，所谓"监掌内侍奉，宣制令"，宦官几乎掌管宫中的一切大事小情。1978年5月，在西安城内西五台以西，距今西安西城墙240米处发现了唐"光化二年（899）岁次己未六月癸亥朔二十七日己丑建"的《唐重修内侍省碑》。碑文记载了对当政宦官集团的赞颂，反映了唐末时期宦官专政的情况，也记录了内侍省官署的位置。

长安里坊

第二章

千宫之宫大明宫

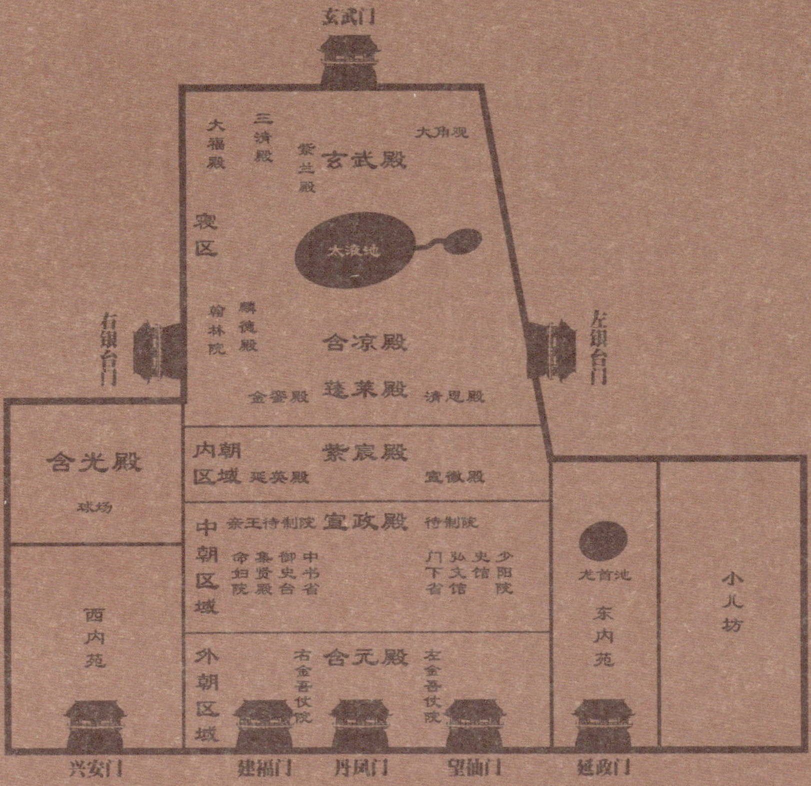

大明宫始建于唐太宗贞观八年，起初取名为永安宫，是李世民为了求父亲李渊长永安泰所建的避暑宫殿。但大明宫未建成，李渊就离开了人世，于是大明宫的修建停止。太宗离世，儿子李治继位。他身体一直不好，当时长安的夏天阴雨连绵，太极宫低洼潮湿，李治病势更重，太极宫不再适宜居住。太宗贞观之治攒下了雄厚的经济基础，重修大明宫的计划提上了日程。大明宫是大唐王朝亲自建立的第一座宫城，动用了全国上下的力量，建筑规模空前庞大。以后还多次修葺营建，总面积约 3.3 平方千米，大约是故宫的 4.7 倍，是世界上规模最大的宫殿。

龙朔三年（663），高宗李治带着心爱的皇后武则天迁入大明宫执政。自高宗起，先后有 17 位唐朝皇帝在此处理朝政，历时 200 余年。因为处于太极宫东侧，称东内。如日之升，则曰大明。大明宫就像冉冉升起的太阳，从此成为大唐帝国的大朝正宫、唐朝的政治中心和国家象征，拉开了大唐更加绚烂辉煌的序幕。

大明宫的前世今生

隋唐时期的长安，每到夏天气候非常炎热，加之太极宫地势比较低洼，住着潮湿难耐。李世民身负战伤就更加不适，登基以后，每到夏天就去九成宫避暑。每次他都想带上父亲李渊，但是李渊固辞不往。玄武门之变之后，李世民残杀手足让父子俩形同陌路，更因为相传隋炀帝就是在九成宫杀死父亲夺取皇位的，李渊更觉得不吉利。后来监察御史马周建议，在长安城内选一块高

大明宫复原图（杨鸿勋《大明宫》）

地，为太上皇李渊新建一座避暑的夏宫，以此来昭显唐太宗李世民的孝道，李世民欣然应允。

不久，就选择了长安城北边皇家禁苑内的临射之地（举行射礼的地方）——龙首山。传说，古代有黑龙自长安县蜿蜒北行到渭河去饮水，它经过的地方便突兀起来，形状像龙首，因此名为龙首山。龙首山乃龙脉所在之处，地势高、凉爽，距离长安城不算远，因此成为修建避暑行宫的最好选择。

据史料记载，唐高宗续建大明宫时的监造者是主管农业的司农少卿梁孝仁，但尚无史料记载大明宫建筑工艺设计出自何人。在唐朝，负责设计建造宫殿的部门是将作监，其长官为“将作大匠”，当时担任此职的人，正是声名显赫的大画家阎立本。流传至今的《步辇图》《历代帝王图》，还有“昭陵六骏”图样这些旷世杰作都出自这位大艺术家之手。皇家宫殿这样重要的建筑，想必皇帝交给帝国最杰出的艺术家他才会放心，由此推断，大明宫的设计者可能是阎立本。

阎立本出身艺术之家，传承了家族深厚的艺术底蕴。其父阎毗是隋朝的殿内少监，兄长阎立德曾先后担任唐朝的将作大匠和工部尚书，并设计了翠微宫、玉华宫以及唐太宗的昭陵。兄长死后，阎立本继任其兄之职，任唐帝国的将作大匠。出自这位大师之手的大明宫，其高超的艺术水准、审美情调可想而知。

唐代大画家阎立本画的《历代帝王图》后人摹本局部

大明宫遵循中国传统礼制“前殿后寝”的建设布局，外朝、中朝、内朝一应俱全。南门丹凤门是大明宫正门，功能与承天门类似，门外有大广场作外朝议事所用，南起丹凤门向北依次是含元殿（外朝）、宣政殿（中朝）、紫宸殿（内朝）等；后寝是以太液池为核心的设有亭台、楼阁、水榭的生活区，向北延伸至玄武门构成了大明宫的中轴线。宫城东、西、北三面建有夹城，是为皇室及宫人设计的便于出行的隐形通道，东部夹城与兴庆宫相连，向南直通曲江。大明宫建筑规模可谓空前绝后，有着“千宫之宫”的美誉。

如今，唐大明宫遗址上建有大明宫遗址公园，范围与唐代大明宫完全重合，园内将含元殿、宣政殿、紫宸殿等重要建筑基址保护起来，是宝贵的世界文化遗产。

大明宫揭秘

为什么叫“大明”宫？

周文王

“大明”一词见于《诗经·大雅》中的《大明》篇，诗篇重点讲述了武王伐纣的故事。诗篇之所以起名“大明”，按《毛诗序》《郑笺》解释为：文王有明德，故天复命武王也；文王、武王二王相承，其明德日以广大，故曰大明。 高宗李治初建成大明宫时，本来名曰“蓬莱宫”，后终于改为大明宫，显然是取了“大明”二字勤政贤明的寓意，寄托他对成为贤明大德、万古流芳的皇帝的希望，对大唐基业万世永存的希望。

大明宫的来历还有一个奇异的传说。初建之时，工地上曾挖掘出一面古铜宝镜，经魏徵鉴定是“秦镜”。人体内的五脏六腑在镜内纤毫可见，更重要的是它还能照出群臣的忠奸、国运的兴衰，是当年秦始皇曾经用来清除异己的镇国之宝。大明宫竣工后，秦镜就被悬挂在朝堂上震慑妖邪，以后也就有了“明镜高悬”的说法。有宝镜镇守，自是一派正大光明景象，所以称为大明宫。

长安里坊

丹凤门

大明宫的正门叫作丹凤门。丹凤门的名字出自《春秋演孔图》，“凤，火精也”。意思是凤为火精，在天则为朱雀，“南朱雀、北玄武”，则南门为丹凤门。丹凤门是唐朝皇帝出入宫城的主要通道。丹凤门是唐代皇帝 200 多年间举行登基、改元，宣布大赦及举行宴会等外朝大典的重要政治场所，是大唐王朝的物化象征。从今天的考古发掘得知，丹凤门为城门中最高等级的“五门道制”，其规格在大明宫所有的门中是最高的，被誉为“盛唐第一门”。

丹凤门前的迎春派对

丹凤门作为盛唐第一门，总有盛大的活动在此举行。一年之中，丹凤门最热闹的时候除了新年，恐怕就是立春了。立春是一年中的第一个节气，古时候人们非常重视这个日子，早在东汉时期，民间就有修剪彩纸制成花果形象，以迎接新春来临的习俗，称为“剪

丹凤门复原图（杨鸿勋《大明宫》）

彩迎春”。晋惠帝也曾命宫女将染成五彩的通草花插在发髻上，作为装饰。到了唐代，在立春日这天，宰辅、亲王、近臣要入宫向皇帝拜贺，皇帝还要在丹凤门内设宴群臣，向郎官、御史以上的官员，赐“春罗幡胜”或“金银幡胜”（幡胜即用丝绸或金箔、银箔剪制的假花工艺品）。而众臣在接受皇帝的赏赐后，要以诗歌的形式答谢。

唐景龙年间立春日，春光大好，中宗李显颇有雅兴地在大明宫丹凤门内设迎春宴，派发彩花（剪纸），妃嫔百官人人有份。收了皇帝的礼物，大家欢欢喜喜地作诗答谢。身为昭容的上官婉儿才思敏捷，随口献上：“密叶因裁吐，新花逐翦舒。攀条虽不谬，摘蕊讵知虚。

春至由来发，秋还未肯疏。借问桃将李，相乱欲何如。”诗句工整华丽，意思是工艺品以假乱真，胜似真花，臣妾很是欢喜。诗人宋之问的“今年春色早，应为剪刀催”的名句也是这次迎春宴的佳作。想想当时的场景：一群才子佳人衣衫靓丽，在明媚的春光里剪纸赏花，和诗宴饮，盛世大唐的贵族生活当真是浪漫优雅，绮丽多彩。

金鸡独立大赦天下

唐时，丹凤门前常常会举行别具一格的大赦仪式——“金鸡释囚”。所谓金鸡，是用木头雕刻而成的鸡，并以黄金饰其首。古人认为，天上的金鸡星有动，必当有赦。唐代诗人王建就曾用《宫词》描述了丹凤门赦令囚犯的场面：“楼前立仗看宣赦，万岁声长再拜齐。日照彩盘高百尺，飞仙争上取金鸡。”

每到大赦的日子，丹凤门前必然人山人海，长安万人空巷，百姓都聚在广场上等待。仪式开始时，丹凤门楼南面由尚书省刑部所属的卫尉将 1 米高的金鸡树立于 20 米长的高竿之上，一侧置鼓，等到皇帝登楼之后，鼓声大震，囚犯随即被引到丹凤门前。待赦令宣读完毕，囚犯当场就被释放。

大赦结束，老百姓沐浴皇恩，乐在

其中。这时，五坊小儿会抢着爬上木杆，争夺鸡首。百姓就看热闹，喊加油，抢到鸡首的人能拿到不菲的赏金，从《秦京杂记》中得知，奖金是“月给俸三石，谓之鸡粟”。

据不完全统计，从唐肃宗到唐僖宗执政的约130年间，在丹凤门举行的宣赦仪式有100余次。

唐朝官员上朝可真早

丹凤门的东西两侧分别是望仙门和建福门，这两个宫门是百官上朝、退朝出入的宫门。由于西侧的建福门外两旁设有百官待漏院，供官员暂时休息，因此百官多选择此处出入宫门。“漏”是古代的计时器，夜漏尽则天明，唐朝官员上朝很早，天还没亮，

图为北齐杨子华所绘《北齐校书图》宋代摹本，图中四位士大夫正在校勘书籍

所以叫待漏院，以勉励官员勤政为民。

凡遇朝会的日子，百官们必须要赶到望仙门和建福门外签到。因此，听到第一声晨鼓响起，百官就要从自己住的里坊摸黑赶往大明宫上班。王维上早朝的情景就留在了他的《早朝》一诗中："皎洁明星高，苍茫远天曙。槐雾暗不开，城鸦鸣稍去。始闻高阁声，莫辨更衣处。银烛已成行，金门俨驺驭。"可见，官员们的确起得早，披星戴月地上早朝，那时候照明不好，更衣室都分不清楚了。朝罢，官员们开始在廊道内共进工作餐，称为"廊下食"。廊下食被视作早朝仪式的一部分，官员们在皇宫里吃早餐可是要规规矩矩的，要是行坐失仪、争吵打闹，就要被罚去一月俸禄。吃完早餐，各官员就去自己办公室料理公务了。正因为起得早，唐朝官员下班比现在早得多，若百司无事，下午 3 点左右就下班了。然后，大部分官员回家休息、读书、作文或交会朋友，一少部分官员则须留在本司值班，晚上住办公室，以备处理紧急公务，当时称为"当直""宿直"。

唐朝公务员打卡制度也很宽松。倘若遇到刮风雨雪天气，官员们早朝可以延迟三刻钟（45 分钟）。到了代宗广德二年（764）就更宽松了：逢恶劣天气，官员可以不用上朝，但遇国务紧迫的时期则必须上朝。

丹凤门趣事

外国使者争上席

开元十八年（730），突骑施苏禄部落的使节来唐，唐玄宗在丹凤门城楼设宴款待，并邀请先前抵达长安的突厥使者共同赴宴。没想到，两国的使节为了谁坐上席这件事争吵起来：突厥使者认为突骑施是小国，不能坐上座；突骑施使者认为这是玄宗皇帝为迎接自己摆的宴席，自己居上座当之无愧。无奈之下，唐玄宗只好将两拨使节分开，分东西幕就餐，这才解决了争端。

图为唐代画马大师韩幹的《圉人呈马图》，描绘的是胡人给玄宗李隆基献上西域宝马的场景

长安里坊

含元殿

含元殿是唐大明宫的前朝主殿，建成于龙朔三年（663），取“含宏光大、元亨利贞”之意。含元殿是外朝之地，是唐代元日朝贺、冬至朝贺、上尊号与受册、宴乐与祥瑞、献俘与阅兵的场所。每月初一、十五是上大朝的时间。诗人张祜在《元日仗》中描述了含元殿上大朝的场景：“文武千官岁仗兵，万方同轨奏升平。上皇一御含元殿，丹凤门开白日明。”

含元殿是由殿堂、两阁、飞廊、大台、金吾仗院（殿前仪仗队宿舍）、殿前广场和龙尾道组成的气势恢宏的建筑群，是大明宫最雄伟壮丽的建筑物。

整个建筑群呈巨大的“凹”字形，坐落在 13 米高的台基之上，台基之上又建两层（2 米高）的殿基。殿堂坐北朝南，是整个建筑群的中心，东西两侧分别为东朝堂和西朝堂，通过飞廊与殿堂相连接，两阁前方有龙尾道延伸至地面。含元殿到丹凤门之间距离 600 米左右，形成一个空前广阔的殿前广场。东西朝堂门前设有红色肺石、登闻鼓。其中肺石呈红色，长八九尺，形如垂肺，由此得名；旁边均放有鼓槌，其作用与府衙门口的外悬鼓相同。凡有人击石、击鼓，就会有御史前来接受状纸，受理案情。翔鸾阁、栖凤阁的作用是在朝会间隙，供帝王和朝臣休息、聊天，瞭望风景，观看演出，内侧相应有两条平行的龙尾道，是供朝臣和外邦使节觐见皇帝的通道。每逢上朝时文武百官按左文右武队列，形成两行雁形队列，拾级而上进殿朝见帝王。

含元殿高高在上、庄严环绕的建筑格局如日初升，若在霄汉，极富有精神震慑力，足以让观者产生顶礼膜拜的敬仰之情，只有如此非凡的建筑才能衬得起万国来朝时“千官贺长至，万国拜含元”的辉煌。

含元殿复原图（杨鸿勋《大明宫》）

万国来朝

唐朝经济发达，军事强盛，文化繁荣，百姓富裕豁达，社会风气开放包容，引来八荒朝贺、万国来朝。据《唐六典》记载，当时向唐帝国朝贡的国家累计 300 余个，唐玄宗时期有 70 余个。

图为章怀太子墓壁画《客使图》。从左开始，前面三位是大唐的鸿胪寺官员，他们穿着朝服，大方自信地接待外宾。紧挨着唐代官员的西方使者，秃顶、卷发、深目高鼻，内心焦急地等待，可能是来自东罗马或者波斯的使节。第五个人头戴尖状小冠，冠前涂红色，旁插双鸟羽，内敛有礼地等待着，可能是日本、新罗或渤海使者。第六人，头戴翻耳皮帽，脚蹬毛靴，面部圆润，身材壮硕，可能是东北少数民族的使节

出于各种政治原因，各国朝贡的使者穿着不同的服饰、带着各色的贡品，不远千里奔赴大唐。一般，“天可汗”会选元日、冬至在含元殿举办大朝会，届时，百官要向皇帝拜贺，送上各州的进献之礼；来朝贡的外国使者也要献上珍宝作礼物，琳琅满目的珍奇异宝陈列在殿前，蔚为大观。届时，含元殿一派“九天阊阖开宫殿，万国衣冠拜冕旒”的大国气象。这样的盛况，我们可以从唐中宗时期章怀太子墓的壁画《客使图》窥见一二。

尼姑假冒太后的千古奇案

含元殿屹立于长安宫城的200多年中，见证了许多皇帝册封大典的光辉时刻。登上宝座的大唐之主在这一刻往往是严肃而开心的，唐德宗李适却例外。大历十四年（779），德宗李适继位，在含元殿封册大典上，李适依礼要册封母亲为皇太后，但他的母亲沈太后在安史之乱中失踪，他只能遥尊生母沈氏为太后，举行仪式亦如母亲亲临大典一般。李适面向空气伏地而拜，念及母亲的音容笑貌，当场痛哭不止，左右群臣见此情景也一起哭泣起来。

沈太后原来是代宗李豫的皇后，玄宗开元末年，她以良家子身份入选东宫。当时的东宫太子李亨把她

趣话长安里坊 1

赐给了自己的嫡长子李豫。太子的嫡长子是准皇位继承人，他的正妻也就是未来的皇后，可见沈氏定是个出身名门、才华横溢、人品贵重的大美人。李豫果不其然很喜欢她，没过多久她就给李豫生下了后来成为德宗的李适。

安禄山叛乱以后，匆忙之间，玄宗只带着少量妃嫔、儿女狼狈逃往蜀地，孙媳沈氏被留在了东都掖庭宫。乱世之中，战火动荡，皇帝尚在逃亡，当然无人顾及沈氏安危。后来，代宗李豫收复东都，却早已不见沈氏踪影。代宗遣人到处找寻，十余年间都杳无音讯。

图为唐代周昉《调琴啜茗图》局部，画中美人眉目清丽，衣着雅致，玉手抚琴，旁边女仆端着茶托恭候

唐德宗李适登基后，也派遣了不少人在民间继续寻找母亲，多方查找，仍然一无所获。其间唐德宗还厚赏母亲的家族，沈氏家族的许多人都因此加官晋爵。直到建中二年（781），才有消息传回宫中，说是沈太后找到了。李适听到消息后，喜极而泣，满长安城都洋溢着一种欢喜的氛围。他赶紧派人将母亲接到宫中，并派遣宫女数百人，带着御赐之物随行侍奉。

谁知，这位沈太后连宗正寺的检验都没过，就被拆穿了身份——她只是一个年纪外貌都与沈太后相仿的尼姑。固然她假冒皇太后是因为利欲熏心，但她能够这

么晚才被拆穿，也得益于她的另一个身份——她原是高力士的一位养女，对皇宫内事颇为熟悉。德宗空欢喜一场，大臣也觉得受到愚弄，纷纷要求皇帝治尼姑的罪。然而，李适叹息着拒绝了大臣的提议，他害怕这样一来，再也没有人敢提供母亲的消息了，尼姑的欺君之

唐德宗崇陵前的翼马，屹立千年守护着主人李适，石马眼角、胸前有赭红色的痕迹，像泪痕一般，似乎在哭诉李适努力挽回盛唐而不得志的命运，世人称其为“石马泣血”

罪就这么被赦免了。德宗执政期间，冒充沈太后的人不止这个幸运的尼姑，其他人也都没有被治罪。

直到德宗驾崩，他也没有找到自己的生母，沈氏的失踪成为大唐历史上的一桩迷案。

长安里坊

宣政殿

宣政殿是大明宫第二大殿，殿东西长约70米，南北宽40余米，大殿建于5米左右高的石阶之上，再加上高挑屋檐，无时无刻不在展示着大唐国威。宣政殿为皇帝中朝之地，是日常听政之处，每三日或五日在此举行朝会，有时大朝会、大册拜亦在此殿举行。玄宗授肃宗国玺、顺宗册皇太子、文宗即皇帝位，均在此殿。皇帝有时也在此接见番邦使臣、听读时令等。有唐一代，在宣政殿还多次举行过制举考试。

宣政殿东西建有很多朝廷机构，西侧有集贤殿、御史台、命妇院、中书省、亲王院；东侧设门下省、弘文馆、史馆、少阳院等，分别处理各种公务。其中，“三省”中的中书省和门下省都在这里，这两个机构是最高权力机构。中书省是唐朝决策机构，主要为皇帝制定国策，起草文件诏书等。中书省的最高官员中书令就是

宣政殿复原图（杨鸿勋《大明宫》）

宰相，副职中书侍郎，下设有中书舍人 6 人。白居易就曾任中书舍人。门下省是审议监督机构，负责审核中书省制定的重大决策、文件诏书。最高官员是侍中，其下有门下侍郎、给事中、散骑常侍、谏议大夫、起居郎等官。杜甫、王维都曾在门下省当过职。

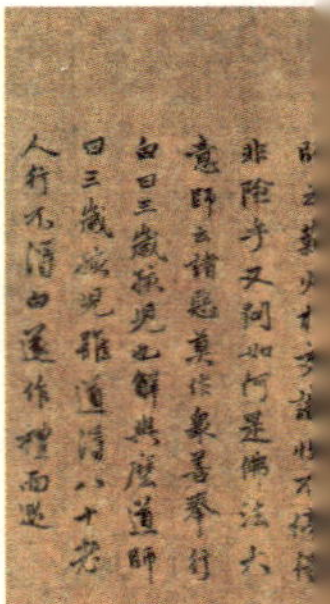

史馆是掌修国史的地方。弘文馆主要负责整理图书典籍，校勘正误，在唐朝近三百年间，这里先后聚集着一大批文人学士，书法家虞世南、欧阳询都曾在此担任学士。中晚唐诗人杜牧曾做过校书郎。

少阳院是皇太子居所，命妇院是有封号的贵族妇女逢元旦、冬至参见皇后、太后的待制之处。

白居易中书省值班有感

当年，才华横溢的白居易做官步步高升，如愿以偿成为中书侍郎。一次，他在中书省里拟诏书的丝纶阁值班，没什么事情可做，周围又安静得出奇，只听到钟鼓楼上刻漏的滴答水声，觉得时光被无限拉长，百无聊赖。这种特殊的寂寞心绪萦绕白居易心头，他挥笔写就《紫薇花》一诗："丝纶阁下文章静，钟鼓楼中刻漏长。独坐黄昏谁是伴，紫薇花对紫微郎。"诗里的紫微郎也就是中书舍人的意思。在唐开元元年，唐玄宗改元大赦以后，中书省就改为紫微省，紫微指的是紫微星，代表着吉祥、福禄。因为与紫薇这种花的名字相近，中书省里

图为南宋梁楷画的《白居易拱谒·鸟窠指说图》局部。画中描述的是白居易曾经在杭州任职的时候向鸟窠禅师请教问道的场景。道林在山中修行，曾筑巢于松木之上，人称鸟窠禅师。白居易恭敬地拜问："何为佛法大意？"鸟窠禅师答道："诸恶莫作，众善奉行。"白居易不满意："这样的答案三岁孩儿也会说。"禅师却笑道："三岁孩子会说，七十岁老人也不见得能做到啊！"白居易有所顿悟，行礼而退

就种植了许多紫薇花。后来又改回中书省的名字，紫薇花却留在了中书省里，年年开放。

杜甫门下省值班有感

安史之乱以后，大唐由盛转衰。唐肃宗乾元元年（758），杜甫任门下省左拾遗，值班时也写了一首夜班有感，和白居易百无聊赖的心境截然不同：“花隐掖垣暮，啾啾栖鸟过。星临万户动，月傍九霄多。不寝听金钥，因风想玉珂。明朝有封事，数问夜如何。”杜甫值班的时候一直很警惕，长安夜晚的风吹草动都被他看在眼里，心里计划着明日早朝密封的重要奏章，心绪不宁地盼着天明。安史之乱刚过，山河破碎的惨景历历在目，想必很多官员都和杜甫一样心有余悸，没有白居易中书省值班的清闲心境。

杜甫

长安里坊

紫宸殿

紫宸殿是内朝正殿，前堂是皇帝日常办公的地方，后室则是休息的处所。在内朝议事礼仪最轻，君臣之间说话更日常、私密，因此，能够在紫宸殿与皇帝议事的大臣都是重臣、近臣，当时只有五品以上和五品以下的重要官员才有资格被宣召入紫宸殿，也叫“入阁”。正因如此，入阁是一件十分荣耀的事情。

民间传说

武则天贬谪牡丹的传说

显庆五年（660）以后，高宗李治经常头晕目眩，处理不了政务，就让皇后武则天协理。武则天逐渐从幕后走向前台，常常与高宗同临紫宸殿听政，一起接受群臣朝拜，天下人谓之“二圣”。在高宗养病期间，武则天还只是皇后身份，因此在紫宸殿这样的内朝场所听政才不算僭越。李治死后，武则天改国号为周，自然就不局限于紫宸殿听政了。

武则天登基后，不少大臣以辅佐女皇帝为耻，想把武则天赶下台，朝廷暗流涌动。相传，登基第二年腊月，长安城大雪纷飞。有大臣谋划了一场政变，谎称上苑名花盛开，邀请武皇观赏。武则天多年执政，这点政治敏感度还是有的，心里也不安，谋划着如何应对，并写下了《腊日宣诏幸上苑》一诗："明朝游上苑，火急报春知。花须连夜发，莫待晓风吹。"第二天，武则天携大臣游上苑，苑中名花竟然一夜之间开放，群臣认为武则天是天命所归，不敢行动，一场危机就此解除。

长安里坊

太液池

太液池，又名蓬莱池，是唐代最重要的皇家池苑之一。太液池水草摇曳，鱼螺潜底，荷叶密布，池中间有三座小岛，象征着东海瀛洲、蓬莱、方丈三座仙山，岛上建有太液亭。池岸还有很多人工雕刻的石鲸、鱼龙等珍禽异兽，恍如仙境。整个后宫都是以太液池为中心布局，大量的宫殿、廊院、水榭环围着太液池，气势恢宏。这里不仅是皇帝、后妃荡舟，赏花，赏月的地方，也是皇帝与文臣学士谈诗论文、讲经论史的地方。诗人李白就曾伴驾于太液池上，写下“莺歌闻太液，凤吹绕瀛洲”的美好诗句。

望月台

安史之乱导致的烂尾工程

天宝年间，每到八月十五日夜晚，唐玄宗李隆基常常会与杨贵妃登临蓬莱岛，他们或沿着湖边长廊漫步私语，或在蓬莱亭上凭栏望月，皎洁的月光见证着二人传世的爱情。但由于蓬莱亭不够高，天上的明月常常被高大的树木遮挡，总觉美中不足，缺乏意境。于是，玄宗李隆基诏令将作监在太液池西岸建一座百尺高台，以便与杨贵妃登临望月。后来，安禄山叛乱，玄宗携着贵妃仓皇出逃，这座望月台也就成了烂尾工程。不过，现在大明宫遗址内还可看到保留下来的基址遗迹。

图为元代画家钱选的《明皇弈棋图》局部，图中玄宗和杨贵妃在下棋，两人眉目之间皆有笑意，这份千古爱恋可谓动人

杨贵妃是第一朵解语花

天宝年间某年八月，太液池有千叶白莲盛开，堪称奇景。唐玄宗李隆基带着杨贵妃、皇亲国戚饮宴于池边赏莲，席间杨贵妃与玄宗亲密无间，恩爱非常，参加宴席的权贵们纷纷逢迎赞叹。在一片恭维之下，唐玄宗指着贵妃对众人说："我与贵妃连心相随，如同这池中盛开的莲花一样能互解心语，彼此心灵相通、心心相印。""解语花"这个词就此流传下来，用来形容善解人意、聪慧可人的美人。

玄宗“竹义”教子

太液池岸有竹数十丛，长得茂盛喜人。一次，唐玄宗李隆基与皇子们在此散步，看见这竹林里的竹笋与竹子紧紧相抱，亲密无间，一时间感慨万分。可能想到自己经历的数次流血政变，深觉亲情可贵，便用这些竹子教导儿子们：“人世间父子兄弟尚且离心离意，心中各有自己的盘算。这竹根与竹竿之间却能做到不相疏离，甚是亲密，难得啊！如果你们兄弟之中有人怀离心之意，应该以这些竹子为榜样啊。”皇子们听罢，都应声“是是”。唐玄宗从此把这些竹子叫作“竹义”，希望皇子们能永远以“竹义”为鉴，不要自相残杀。

长安里坊

麟德殿

麟德殿建于唐高宗麟德年间，相当于大明宫的多功能国宴厅，是皇帝宴饮群臣、观看杂技舞乐、作佛事及外事召见的地点。这座宫殿是中国古代最大的宫殿，全殿面积超过10000平方米，其前殿、中殿和后殿构成的“三重殿”造型可谓气势恢宏，空前绝后。一般在寒食节、中和节、皇帝生辰，会举办大规模宴饮活动，遍请百僚，并设有歌舞、杂技、马球、蹴鞠等节目，还有赏赐环节。诗人张籍的《寒食内宴》中这样描述麟德殿宴饮百官的盛景：“朝光瑞气满宫楼，彩纛鱼龙四面稠。”麟德殿代表了大唐盛世的奢华与荣耀，殿里的一廊一柱无不见证着唐王朝歌舞升平的盛世美景。

日本之名与麟德殿

早在秦朝，日本被称为“东夷”，而后在我国史料中，日本又相继出现“扶桑”“东瀛”等名称。东汉

麟德殿（杨鸿勋《大明宫》）

时，日本使者表示愿为汉臣藩，求汉皇赐名，光武帝刘秀遂赐“倭国”，并赐以金印。1784 年，一个日本农民发现了一枚中国汉朝时期的刻有“汉委奴国王”五个字的金印。“委”应通“倭”。从汉到唐，日本都被称为“倭国”。

唐朝盛世时期，日本来中原学习的使者就更多了。随着对汉语掌握程度的加深，日本使者觉得“倭”的意思不好，便对这个国名不满意，就想提出改名为“日本”。日本，是“日之本源”的意思，日本地理位置靠东，是离太阳升起很近的地方，因此希望改为“日本”。在隋大业年间，日本的圣德太子给隋炀帝的国书中就曾写道：“日出处天子致书日没处天子，无恙。”这句话里日本称自己的天子为日出处天子，称隋炀帝为日落处天子，隋炀帝当时就大为不悦，两国关系也变得紧张。

“汉委奴国王”金印

后来隋朝已亡，日本派出了以粟田为首的第七批遣唐使来唐朝进贡，这次出行，使者还肩负着改名的使命。长安二年（702）武则天在麟德殿接见并宴请粟田一行。宴饮期间，日本使臣向女皇提出改名的请求，武则天当即同意了。从此，倭国对外就号称为日本国，中国以后的历代王朝也正式以“日本”国号相称。

麟德殿揭秘

麒麟指印与麟德殿名字

关于麟德殿名的由来，大部分人认为是因麟德殿建于唐高宗麟德年间，可民间还流传有这样的说法：相传，唐高宗李治有一次在太液池以西散步，碰巧发现了一处印迹，仔细一看是麒麟的指印。高宗认为这是祥瑞之兆，于是就下令在指印处修建了一座能容纳千人的宴会殿堂——麟德殿。同时还将这一年的年号龙朔改成了麟德。

图为泉州开元寺麒麟壁，建于清乾隆年间。麒麟狮头、鹿角、龙鳞、牛尾，是中国传统瑞兽。古人认为，麒麟出没处，必有祥瑞。春秋时期，孔子听说麒麟被抓，便预知自己大限将至

唐朝皇家运动——马球

麟德殿是大唐帝国的多功能国宴厅，殿内歌舞宴饮，殿前广场则有马球比赛、百戏演出。宴饮之日，皇帝引百官边吃边看，“千官尽醉犹教坐，百戏皆呈未放休”，直到深夜才各自拜恩散去。在殿前的各种演出中，马球是最为皇家追捧的一项运动。诗人张籍的《寒食内宴》中写麟德殿里的盛景：“廊下御厨分冷食，殿前香骑逐飞球”一句，足以表现出唐人对马球的受喜爱程度。

阎宽在《温汤御球赋》中说，马球“盖用兵之技也，武由是存，义不可舍”。马球场上博弈，需要用到军法谋略、骑马技术，队员之间需要相互配合，无疑是需要体力、技能与智谋的综合运动。在太平盛世下，皇帝提倡这项运动是非

常有积极意义的。

尤其是唐玄宗时期，马球运动已经成为军队的训练项目之一，在朝廷上下，风靡一时。当时，不仅骑马打仗的武人喜欢马球，就连书生对马球也爱之若狂。每年科举考试后，在祝贺新科及第进士的活动中，就有一项是在月灯阁举行的马球会。但马在古代毕竟是一种重要的战略资源，具有一定的社会地位和经济实力的人才能拥有自己的马。对于普通百姓而言，打马球就类似今天的打高尔夫一样，是一项贵族运动。于是，当时民间衍生出类似马球的运动，如骑在驴上击鞠的“驴打”和跑步击鞠的“步打”，也风靡一时。

图为《游骑图》，画中描绘了唐代贵族骑马玩乐的情景，前面的人骑马前行，后面二人赶马直追

麟德殿揭秘

沉迷马球无法自拔的皇帝们

唐代有多位皇帝都特别喜欢马球运动，如中宗、玄宗、穆宗、敬宗、宣宗、僖宗、昭宗等。马球对唐朝皇帝而言是一把双刃剑：它可以强身健体，用来与外族角力，彰显大唐国威；而一旦沉迷其中，也会不思朝政，导致国运衰微。

在这些帝王中，若要论球技的话，当首推宣宗李忱了。据说他击球时，“每持鞠杖，乘势奔跃，运鞠于空中，连击至数百，而马驰不止，迅若流电，二军老手，咸服其能”。

大唐帝王对马球的热爱可能有遗传因素。唐宣宗李忱的侄子敬宗李湛，即位第二年就在宫中举行了一次体育盛会，命令左右神策军士卒、宫人、教坊、内园分成若干组，骑着驴打球。李湛不仅爱打马球，还喜欢半夜去打狐狸，有时折腾到深更半夜。敬宗即位三年后的一天，在照例疯玩的晚上被宦官所杀，年仅18岁。

唐宣宗李忱的孙子唐僖宗李儇，对马球更是一往情深，竟然还想出用赌马球的法子任命官员，开创了历史上有名的“击球赌三川”记录。李儇让自己的四位大臣一起打马球，赢得比赛的人可以镇守三川。大臣陈敬瑄最先过门进球，夺得第一筹，当即就被封为西川节度使。

就连唐朝末期的皇帝唐昭宗李晔，他也酷爱马球。当他被逼迫迁都洛阳时，依然将十几个马球选手带在身边不离左右，最终，自己被朱温杀害，落得国破人亡的悲惨结局。

长安里坊

玄武门

在唐长安城中，太极宫与大明宫的北门都被称为玄武门。这两座玄武门有一个相似之处，都先后经历过为夺争皇权而暴发的喋血政变。据《唐六典》记载，玄武门为大明宫北面中门，位于北城中部略偏西处。也许是汲取了玄武门之变的血淋淋的教训，大明宫玄武门防御系统之复杂森严，远远超出了人们的想象。尽管如此，大明宫玄武门依然未能避免经受腥风血雨的杀戮。

太子、皇后争权

再次喋血玄武门

武则天统治后期，因为年迈终于让位给三儿子李显。这位在外流亡十几年的皇子即位以后，却昏弱无能，导致大权旁落。他的妻子韦氏生性强悍，在陪丈夫渡过难关以后更加渴望无上权力，她想成为下一个武则

大明宫玄武门复原图（杨鸿勋《大明宫》）

天，便与情夫武三思内外勾结，把揽朝政。

李显当时封自己的三儿子李重俊为太子，他不是韦后所生，因此颇受猜忌，还经常遭到韦后爱女安乐公主当面凌辱。随着韦后在朝中的势力愈加强大，局势对于太子重俊而言已经到了剑拔弩张的地步——不仅太子地位岌岌可危，更是性命堪忧。

唐中宗景龙元年（707），太子李重俊联合左羽林大将军李多祚等假称奉诏，率左右羽林兵和千骑 300 余人杀了韦后党的重要成员：武三思和武崇训，随即又发兵玄武门。

韦后闻变，与安乐公主、上官婉儿拥中宗李显骑马赶赴玄武门城楼。中宗一到，太子李重俊假传诏书就被拆穿，部将便纷纷倒戈，斩了李多祚等太子党于玄武门前，其余同党纷纷溃散。李重俊兵败后率部属百余人逃命，终被部下杀死，首级被献于朝廷。这场政变史称“景龙政变”。

姑侄联合灭韦后

“景龙政变”后，不过三年，大明宫玄武门又一次见证了皇室亲人之间的刀兵相见。唐中宗景龙四年（710），韦后和安乐公主等密谋毒死了中宗李显，立温王李重茂为帝。韦后想效仿武则天称帝，在京畿要害部门大肆安插韦氏子弟，广聚党众，意在废黜重茂自立为君，并密谋杀害以相王李旦（武则天四儿子，李显的弟弟，最有资格继承皇位）为首的李唐宗室。相王之子、临淄王李隆基接到密告，当即联合姑妈太平公主先发制人，占领了玄武门。随之纵兵闯入皇宫，斩杀了韦后和安乐公主，彻底剿灭了韦氏集团，拥相王李旦复位，史称“唐隆之变”。

李旦继位后，追复李重俊太子之位，赐谥节愍，陪葬定陵，这幅图就是节愍太子墓中的壁画，画中仕女眉目清丽，华饰盛装，仪态端庄

长安里坊

小儿坊

大明宫规模宏大，珍奇异兽、名贵植物众多，因此有专门的官署管理。唐玄宗开元年间，置五坊宫苑使一职来管理大明宫内的树木花草和驯养四方进贡的珍禽异兽。五坊位于大明宫东南侧，按类别分为雕坊、鹘坊、鹰坊、鹞坊、狗坊“五坊”。每坊中养育一种动物。因在坊中畜养动物的人员被蔑称作“小儿”，所以这些坊被统称为“小儿坊”。

为害民间的五坊小儿

唐德宗时期，由于皇帝特别喜欢豢养鸟兽，五坊小儿便借为皇帝捕捉鸟兽之机，公然在民间敲诈勒索，他们到处“碰瓷”，横行肆虐，无恶不作。有皇帝的喜好在上，官府也不敢管，百姓更是惹不起，遇上敲诈只得自认倒霉，赔钱赔物息事宁人。

五坊小儿有时把罗网故意张在人家门口，给钱才会撤网让人回家；有时把网张在井上，给了财物的人才

图为唐懿德太子墓中的壁画，画面中的人物应该就是鹞坊小儿和狗坊小儿，白衣小儿左臂架鹞，回头看猎狗。鹞是那时候人们用来猎鸟的帮手，图中的狗可能是唐朝时的波斯犬，生性凶狠，跑得特别快，是猎捕狐狸的高手（当时长安城里有很多狐狸），现在关中地区依旧能看见这种细长身形的狗，民间叫细狗

能打水。如果有人不留神靠近了他们张的网，他们便抬出皇帝老儿的名义来吓人，诬赖人家惊走了供皇帝玩赏的鸟雀。吓傻的百姓或被痛打一顿，或被勒索钱财。五坊小儿还常常闯到店铺里去吃霸王餐。如果遇上一个不知内情的店主向他们要饭钱，他们还有更阴损的招数：留下一包蛇抵押饭钱，说这些蛇是替皇帝捕鸟用的，要店主人好生饲养。直到店主人迫不得已向他们送钱、求

情，五坊小儿才肯把蛇带走。

对于这些五坊小儿的胡作非为，百姓都痛恨到了极点，但是又没有什么办法，甚至连官府都怕惹恼了他们害得自己丢官罢职。韩愈就有记录："贞元末，五坊小儿张捕鸟雀于闾里，皆为暴横，以取钱物。"

但也有不怕事的，有一个专门陪当时的太子李诵下棋的人叫作王叔文，借机向太子诉说了这一切，太子也非常气愤，准备找机会向父皇控告五坊小儿的恶行。一年以后，唐德宗驾崩了，太子李诵顺利地登上了皇位，即顺宗。在王叔文的推动下，朝廷下令禁止五坊小儿为害百姓，并要官府查办。百姓闻讯，无不称快。

长安里坊

第三章

盛唐欢歌兴庆宫

兴庆宫，位于皇城外的隆庆坊，坊内是唐睿宗李旦五个皇子的住宅，时称“五王子宅”。后来，五王中的李隆基继位，其他四个弟兄很知趣地迁出宅子，隆庆坊为避讳“隆”字，也改名“兴庆坊”。玄宗李隆基由于思念自己原来的府邸，登基后没几年便命人将原王府改建为兴庆宫，因为当时国力强盛，一再扩建和修葺，整座兴庆宫布局错落有致，异常豪华气派。从考古资料中得知，当时的兴庆宫东西宽1080米，南北长1250米，面积1.35平方千米，是今天兴庆宫公园面积的2.6倍。

兴庆宫建成后，从开元十六年（728）至上元元年（760）之间，唐玄宗李隆基在此听政、退位后闲居约32年时间。兴庆宫便成为继太极宫、大明宫以后的第三座内宫，因其位于大明宫的南面，被称为“南内”。安史之乱之后，玄宗仓皇逃亡，自此以后，兴庆宫失去了政治活动中心的地位，成为唐朝历代太上皇或太后的闲居之所。

兴庆宫的前世今生

兴庆宫内主要建筑包括殿、楼、阁、亭30多处，是三大内中面积最小的宫殿群。由于其是由王子宅扩建而成的，没有经过统一的规划，布局与太极宫和大明宫差异很大：兴庆宫的正门开在西边，一改坐北向南的传统；主要建筑物并不是沿中轴线对称分布，宫殿分布自由松散，错落有致；也并没有按照严格的“前朝后寝”布局，北部为宫殿区，南部为园林区，玄宗主要在风景甚好的园林区（勤政务本楼、花萼相辉楼）处理政务。

北部的宫殿区有兴庆殿、大同殿、南薰殿、新射殿、金花落等。兴庆殿是名义上的正殿，玄宗也曾在这里举行过不少仪式，但重要程度不及勤政务本楼。大同殿里供奉着道教始祖老子的神像，殿前左右为钟楼、鼓楼。南薰殿为便殿，玄宗曾经与杨贵妃在此临池观景，举宴享乐。新射殿是唐玄宗和王公贵戚习武射箭的地方，因太极宫内已有射殿，故名新射殿。金花落则是宫内人员和禁军居住的地方。

手绘兴庆宫

南部的园林区是以兴庆池为中心的湖色风光景观区。中央的兴庆池呈椭圆形，东西长915米，南北宽214米，面积约0.18平方千米。池中种的荷、菱、藻、芡生机盎然，紫叶红心的醒酒草铺在池岸，上有垂柳依依，好一派怡人风光。玄宗经常在池西南的勤政务本楼、花萼相辉楼处理政务，在交泰殿便殿休息、面见大臣，在东北岸的沉香亭与杨贵妃置宴赏花。玄宗退居为太上皇后，常常在长庆殿饮酒徘徊，看长安坊间百态。池边有祭龙的祠堂，名为龙堂，还有供道士炼丹的合炼院。池周围建有安置后宫嫔妃的咸宁殿、义安殿、积庆殿、冷井殿、飞仙殿、同光殿和荣光殿等。

1958年，西安市在原唐兴庆宫的遗址上建成了兴庆宫公园，不过公园面积只相当于原来兴庆宫的1/4，园内有勤政务本楼遗址、龙池（兴庆湖）。

长安里坊

勤政务本楼

勤政务本楼在兴庆宫南，开元八年（720）造。“勤政务本”之名，是玄宗李隆基为了督促自己勤政、亲民，在政治上励精图治而取的。此楼是兴庆宫实际意义上的正殿，呈长方形，面积约500平方米。门前有一个大广场，玄宗时期，凡改元、科举、大赦、献俘等重大典礼均在此广场举行。每岁八月初五玄宗的生日千秋节，楼前举办大型歌舞杂技表演，人山人海，热闹非凡。正月十五上元节，玄宗会登临此楼向群臣、百姓致意，长安举城同庆。

玄宗时期的“国庆节”

千秋节

在我国封建时代，国家喜庆的大事莫过于帝王的登基、诞辰。

开元十七年（729）八月初五，玄宗李隆基生日到了，宴请百官共贺寿辰。宰相张说带领百官在盛世欢庆中向玄宗奏表：以每年八月初五作为“千秋节”，举国同庆，放假三天。玄宗欣然应允。天宝七载（748）“千秋节”改称“天长节”。

玄宗之后的历代帝王依然保留着将生日当节日过的习俗。如：肃宗的“地平天成节”、文宗的“庆成节”、武宗的“庆阳节”等。这种习俗还传播至日本，并被奈良时代的光仁天皇效仿，将自己的生日称作“天长节”，还将皇后的生日取名为“地久节”，一直延续至今。五代和两宋为皇帝庆生的习俗也得以延续，到了明清时期，“千秋节”又演变为“万寿节”，取万寿无疆之义，成为与“元旦”“冬至”齐名的重大节日。

“千秋节”这天，除了文武百官要向皇上朝贺外，在兴庆宫勤政务本楼前的广场上，还有大型文艺演出。节目中既有公孙大娘舞剑、宫伎跳“霓裳羽衣舞”之类的歌舞表演，还有角抵（摔跤）、跳剑（抛接利剑）、寻橦（爬长竿）、蹴球（踢球）、踏绳（走钢索）、舞于竿颠（高跷）、幻术（魔术）等一系列杂技活动。

千秋节这一天在所有的庆祝活动结束后，大臣们纷纷向皇帝敬献各种精美的铜镜，唐玄宗也向四品以上的大臣颁发铜镜。唐玄宗还写过《千秋节赐群臣镜》一诗：“铸得千秋镜，光生百炼金。分将赐群后，遇象见清心。”

这种镜子相当于根据“千秋节”开发的纪念品，玄宗决定用“千秋”两个字来作为铜镜的名称，因此玄宗时期为了千秋节敬献和赏赐而制作的铜镜也叫“千秋镜”，这种“千秋镜”产生于唐玄宗开元十八年（730），铸造历史长达 14 年。

唐代的千秋龙纹镜，镜背上有『千秋』字样，应该是千秋节皇帝赏赐大臣之物，现藏于陕西历史博物馆

那么君臣间为什么要互送铜镜呢？除祝寿之外还有另外一层含义，而赋予铜镜特殊含义的人就是唐太宗李世民。他把治国之道、用人之道和铜镜的功能联系在一起，使铜镜具有了特殊的象征意义。因此，它既是身份等级的象征，也是君臣交流感情的一种载体，在当时从皇帝到百官都很重视铜镜，把它视作追求君子之德必不可少的器物。

舞马是什么马？

玄宗宠爱过的妃嫔如梅妃、赵丽妃、武惠妃、杨贵妃，每一位都是能歌善舞的大美人，足以证明玄宗对歌舞艺术的喜爱程度。上有所好，下必甚焉，连玄宗的马都会跟着音乐跳舞，它们就是“舞马”。

据《明皇杂录》载，每年“千秋节”，唐玄宗都会在勤政务本楼与花萼相辉楼下广场举办大型文艺演出，有歌舞、百戏、舞马表演等，这些演出中，最值得期待的就是舞马表演了。舞马表演是非常刺激、惊险又华丽、优雅的演出，是唐时独有的视觉盛宴。舞马的驯养是由唐玄宗的梨园弟子这个专业艺术团队一手负责的，这门技艺现在已经失传了。

图为唐彩绘陶马与胡人驯马俑，此陶马装饰华丽，姿势优美，应该为宫廷驯养的舞马

图为唐代鎏金舞马衔杯纹银壶，壶上图案为舞马衔杯祝寿，现藏于陕西历史博物馆

《旧唐书·音乐志》有记载舞马表演的场面。演出开始前，表演者从马厩里引出舞马30匹或百匹，这些马俊美异常，身上皆披华丽锦绣，并饰以金银，璀璨夺目。它们伴着《倾杯乐曲》，昂首阔步地入场。接着，舞马随着乐曲的节拍，奋首鼓尾，纵横应节，翩翩起舞。这时，有宫人在广场叠放了三层板床，舞马就势灵巧地跃上板床，上下扑转如飞。引来观众一片惊呼雀跃，场上披金挂玉的牵马壮士们也纷纷自豪地笑起来。一旁则是几位穿着淡黄长衫、系着文玉带的姿色秀美的乐工美少年，他们正在为舞马伴奏。曲终时，舞马则口衔酒杯给寿星玄宗敬酒致意。宰相张说就有一首描绘这个场面的《舞马词》（其三）：“彩旄八佾成行，时龙五色因方。屈膝衔杯赴节，倾心献寿无疆。”

可惜的是，舞马表演没能延续下去，这些舞马最后的命运也十分悲惨。安史之乱爆发后，玄宗李隆基出逃，舞马因此流落在民间。安禄山在长安曾见过舞马表演，他便抢回一些舞马以备自己欣赏。安禄山死了以后，这些舞马全被他的部将田承嗣获得。田承嗣以前从来没见过这些舞马，以为是普通战马，没有当回事。

一次宴会，舞马应着音乐起舞。田承嗣大惊，以为这些马中了妖邪，命士卒鞭打。可怜这些舞马，以前受李隆基喜爱，即便训练也没受过这般罪，现在以为自己跳得不好，便更加卖命跳舞，结果活活被打死在马厩中。舞马就此彻底灭绝了，今天我们可以在西安何家村出土的文物“鎏金舞马衔杯纹银壶”的图案中一睹它的风采。

唐代杂技大赏

隋唐时期，每逢节日、皇帝生日都要“设酺”招待各国使节或各民族首领。“设酺”又称“大酺”，意为既摆宴席，又设演出。盛唐时期，“设酺”的活动规模更为庞大，并带有百戏杂技大检阅的意味。玄宗时在长安进行大酺演出的地方主要在勤政务本楼和花萼相辉楼前的大广场。

这种宫廷组织的广场文艺演出规模很大，前来观赏的百姓很多，现场非常拥挤，金吾卫士都要拿着棍棒做好安保工作，维持现场秩序，保证皇家安全。散乐百戏在唐代呈现出前所未有的繁荣，成为宫廷和民间共盛的艺

图为唐墓壁画中的铠甲仪卫图线描，仪卫们个个气宇轩昂，很可能玄宗千秋节的金吾卫穿着、气势和壁画中的相似

术，形式之多样更达到了空前的程度，据《明皇杂录》记载当时演出的项目：山车旱船、单人和双人走索、掷丸、飞弹、拗腰、踏球、吞刀、吐火、藏狭术、寻橦、走索、丸剑、角抵、戏马、斗鸡、舞剑、击鞠……人间百艺，应有尽有，将“百戏”的发展又推上了一个高峰。

戴竿在唐代的百戏中占据重要地位，竿技远远超越前代。戴竿表演时，一个人头顶长竿，或擎在手上，多个表演者爬到竿上，做各种惊险刺激的动作。当时朝廷专门管理散乐事务的“教坊”就把戴竿列为重点表演项目，王大娘就是教坊有名的戴竿艺人。“娘”在古代泛指年轻女性，多指少女，唐朝习惯以排行称呼，“大娘”指排行第一的女儿，不是老大娘的意思。《独异志》记载，戴竿三原王大娘，长竿上能载十八人行。

《明皇杂录》这样描述了王大娘精湛的戴竿术表

北魏杂技陶俑群，图中间的人正在表演戴竿

演。开元年间，唐玄宗有一次在勤政务本楼前举行大型欢庆活动，王大娘头戴百尺长竿，竿上面还有一座木头制作的仙山，小杂技演员手持仙家的仪仗舞具，在木山里进进出出，载歌载舞。这时才 10 岁就做了秘书省正字（负责校勘书籍、订正讹误）的神童刘晏也在场，他被抱在杨贵妃怀里看戴竿表演。贵妃一时兴起，便让小刘晏以王大娘戴竿为题作一首诗，小刘晏应声而作："楼前百戏竞争新，惟有长竿妙入神。谁谓绮罗翻有力，尤自嫌轻更著人。"

最后的压轴节目往往是斗鸡、驯象、犀牛跳跃等重头戏。这些演出，也成了文人们吟咏的对象。著名诗人陆龟蒙的《杂技》一诗："拜象驯犀角抵豪，星丸霜剑出花高，六宫争近乘舆望，珠翠三千拥赭袍。”就是对当时大酺散乐百戏演出的形象描绘。

唐三彩陶叠置伎俑，现藏于西安博物院

兴庆宫打卡

龙池一游

“先皇歌舞地，今日未游巡。幽咽龙池水，凄凉御榻尘。”这是唐代诗人戎昱《秋望兴庆宫》中描写的场景。说到兴庆宫，就不得不提起龙池。据史料记载，在武则天统治时期，此地王纯的家里溢出来的井水，加上雨水积涝，在隆庆坊低洼处形成大水池，池面数十顷。因为地处隆庆坊，所以叫作隆庆池，又因是井水溢出，还被称为井龙池。到唐中宗李显在位时，池水日益丰盛，面积愈加扩大，“占地数顷，深数丈”。池面形成后，

曾经的龙池，如今的兴庆湖

传说池上常有云气，间或有黄龙在其中出没，被人们视为奇观。所以这池水也被叫作龙池。

关于龙池，还有一则有趣的传闻。唐景龙四年（710）四月，龙庆池被风水先生说有“龙气”，在位的中宗李显很不高兴，因为那里住着自己弟弟的儿子们，那里有“龙气”岂不说明自己的儿子继位无望？于是，他亲率百官佯装游湖，实则带着一头大象来龙池踩踏“龙气”。踩踏龙气这件事未必是真的，但当时龙池是皇家游玩的地方却是真的。皇家在龙池举办过轻舟竞赛大会，场面很是热闹。

唐玄宗死后，兴庆宫逐渐衰落，龙池也渐渐凄凉。大约在清代这里的池水已经干涸，留下一片田野洼地。1958年，在“龙池”原址上挖掘出了一个人工湖，就是现在的兴庆湖。曾经皇家池，今人也泛舟游玩，欣赏着依依垂柳和湖边的沉香亭、南薰阁等著名建筑景观，文雅有趣。

长安里坊

花萼相辉楼

“花萼相辉楼”的名称，来源于《诗经》中的“常棣之华（花），鄂（萼）不韡韡。凡今之人，莫如兄弟”一句，意思是说花复萼，萼承花，兄弟之间的情谊就如同这花与萼一样，相互辉映。玄宗李隆基起这个名字大有深意。李隆基不是睿宗的嫡长子，但因为功劳甚伟，他的大哥嫡长子宁王李宪自愿把储君之位让给他，李隆基才得以继承皇位。玄宗用“花萼相辉楼”的楼名表达对大哥的感激之情。这个楼建成以后，玄宗的弟兄们时时登临，一起奏乐坐叙、吃饭、喝酒、下棋，玄宗赏赐给兄弟们大量的金银丝帛，还制作了长长的枕头和宽大的被子，与弟兄们同床共寝。

除了用作兄弟宴饮叙旧以外，花萼相辉楼也是唐玄宗大朝之处。凡大赦、献俘、国宴、接待贵宾、节日庆典等重大活动，以及每年八月五日“千秋节”赐宴，也多在此举行。

上元节的赛灯大会

唐玄宗李隆基在初期的励精图治后，迎来了开元盛世的局面，自己也逐渐膨胀起来，追求奢侈享受。从上元节灯会就可窥见一二。

上元节，又称元宵节、元夕或灯节，为每年农历正月十五。古人称“夜”为“宵”，正月十五是一年中第一个月圆之夜，所以称正月十五为“元宵节”。元宵节习俗自古以来就以热烈喜庆的观灯为主。从民俗角度有多种解释：汉武帝时期正月十五夜在甘泉宫燃灯祭祀“太一神”的活动，被后人视作正月十五祭祀天神的先声；东汉时，汉明帝于正月十五“燃灯礼佛”。从唐代起，

唐墓壁画《宴饮图》

元宵张灯即成为法定之事，并逐渐成为民间习俗。此后形成了赏花灯、吃汤圆、猜灯谜、放烟花、耍龙灯、耍狮子、踩高跷、划旱船、扭秧歌、打太平鼓等传统民俗活动。

天宝年间，上元节期间观赏花灯的习俗日渐盛行。玄宗居住的勤政务本楼和花萼相辉楼，南接唐朝“CBD”东市，西临中央皇城，可谓贵族云集，十分繁华。每逢上元节来临，玄宗都要在勤政务本楼和花萼相辉楼搭建高棚，举办大型活动，现场各种灯树、灯楼造型各异，争奇斗艳，场面热闹非凡。当时有个叫毛顺的能工巧匠，制作过一个令人叹为观止的巨型灯楼——宽约 60 米、高约 45 米，花灯造型有龙凤麒麟、祥狮猛虎，栩栩如生。灯楼上面悬挂着金银珠玉，风吹过灯楼，发出清脆美妙的铃声，光影恍惚间，此灯楼不似人间所有，不似人力所造。

天宝年间的上元灯节，唐朝上流社会的官员、王亲贵族们也会趁机来展示自己的荣宠和富贵。当时荣宠最盛的要数杨贵妃的亲属们了。杨贵妃族兄杨国忠位及宰相，上元灯节这天，杨国忠子弟就命人点燃了千盏红烛围在他们左右，走在长安街道上，如同移动的火龙，声势浩大。杨贵妃的姐姐韩国夫人家里也请巧匠制作了高

25 米的灯树，足有上百枝，竖起来犹如高山。上元灯节时，韩国夫人命人点燃灯烛，府上瞬间光辉灿烂，生生压住了月光，百里路外的行人都能看见。

唐玄宗会在上元节这一天，在花萼相辉楼设宴招待臣民。他命禁卫军士着锦绣衣服，披黄金铠甲，排列仪仗阵容；又令梨园、教坊表演大规模的山车旱船等百戏及各色歌舞，全场观众欢声笑语，侍女踏歌，文人献词，蔚为大观！诗人张说就写了两首描写上元节红火场面的《十五日夜御前口号踏歌词》：“花萼楼前雨露新，长安城里太平人。龙衔火树千重焰，鸡踏莲花万岁春。”“帝宫三五戏春台，行雨流风莫妒来。西域灯轮千影合，东华金阙万重开。”

“健舞”“软舞”

舞舞惊人的艺术大唐

唐朝国力强盛，文化开放多元，唐代乐舞艺术在中国古代舞蹈的基础上，积极吸收各个民族与国外乐舞的元素，艺术风格更加成熟。玄宗又是对乐舞艺术极度狂热的皇帝，在他统治时期设立了梨园，专事歌舞表演，由此成就了中国古代乐舞艺术发展的最高峰。玄宗时期，乐舞活动可以说渗透于社会的各阶层，上至宫廷，下至庶民百姓，在节庆和宴饮中，乐舞表演都不可或缺。教坊根据动作特征和风格，把这种用于小型节庆、宴饮的娱乐性舞蹈分为“健舞”和“软舞”两种。

“健舞”是指那些舞姿动作矫健有力、舞风豪爽健朗的乐舞，有明显的异域风格，显得奔放而极具生命力，唐时著名的“健舞”有《剑器》《柘枝》《胡旋》等。“软舞”则指舞姿优美柔婉，乐曲节奏舒缓的乐舞节目，有传统的舞蹈风格，显得柔情款款，娇媚柔美，著名的“软舞”有《绿腰》《春莺啭》《凉州》《苏合香》等。

图为五代顾闳中所绘《韩熙载夜宴图》局部，家宴上载歌行乐，雅兴盎然

健舞小赏

公孙大娘一舞《剑器》动四方

公孙大娘是开元盛世时的《剑器》表演第一人，杜甫在诗序中就说："先帝侍女八千人，公孙剑器初第一。"公孙大娘《剑器》表演穿的舞衣很特别，是在古代军装基础上改造装饰而成的，穿上后美丽中添了许多英气，大有巾帼不让须眉的气度。当时很多民间女子纷纷效仿这种装束，诗人司空图对这种满大街穿军装赶时髦的女子打趣道："楼下公孙昔擅场，空教女子爱军装。"

公孙大娘会很多套《剑器》舞蹈，其中最有名的就是《裴将军满堂势》。裴将军指裴旻，他是著名的唐朝武将，曾参加过对奚人、契丹和吐蕃的战事，立过赫赫战功，他的剑舞超凡入圣，与李白的诗、张旭的草书并称"唐代三绝"。裴旻舞剑表演极其精彩，他左盘右旋，手中宝剑翻飞闪烁、寒光点点，突然掷剑入云，高达数十丈，接着，剑像一道电光一样从空中投射下来，裴旻手执剑鞘接剑，剑准确地插入鞘中。据传，《裴将军满堂势》这个曲目是根据裴旻将军独到的舞剑技艺改编的一部舞蹈，动作豪迈，技巧高深，舞蹈者满场飞舞，舞姿猛厉无比，因此称为"满堂势"。

唐代宗大历二年（767），杜甫在四川看到了公孙娘子的传人——李十二娘舞《剑器》。惊心动魄的剑舞让杜甫感慨万千，才思奔涌，挥笔写就著名诗篇《观公孙大娘弟子舞剑器行》："昔有佳人公孙氏，一舞剑器动四方。观者如山色沮丧，天地为之久低昂。"诗中描述他想象的公孙大娘舞剑场景：剑光四射，如同后羿射落九个太阳般耀眼；那急速回旋的舞影和闪烁的剑光犹如群仙乘龙飞翔；舞时如同雷霆袭来，狂野迅疾，气势逼人；舞罢造型稳健，沉毅中透着力量，剑身微颤，如同平静的江海泛着点点清光。这样气势磅礴、摄人心魄的表演看得观众目瞪口呆，面如土色，天地都为之久久低昂。

图为明代陈洪绶画的《公孙大娘舞剑图》（局部），画中的公孙大娘面庞丰盈，裙带猎猎，柔婉中有刚健之气，丰腴中有妩媚之姿

软舞小赏

《春莺啭》

《春莺啭》是唐代创制的软舞，据《教坊记》记载，《春莺啭》的乐曲创始人是唐高宗李治。有一天清晨，深谙音律的李治听见了莺啼不止，和着微风，婉转可人，一时着了迷，便传乐师将此音律谱成曲，就取名为《春莺啭》。乐师是龟兹人，创作的乐曲婉转清丽又透着西域风情，别致优雅，因此广为流传，后来被配上舞蹈，《春莺啭》成为有名的软舞代表作品。

诗人张祜在他的《春莺啭》中描写了当时在兴庆宫中表演软舞的场面："兴庆池南柳未开，太真先把一枝梅。内人已唱春莺啭，花下傞傞软舞来。"可以想象：兴庆宫池边杨柳未开，肤若凝脂的杨贵妃还在把玩着梅花，那边婉转柔和的音乐伴随着乐器模拟出清脆的莺啼已经响起，身姿曼妙的宫伎们舞步款款，一遍一遍在花下软舞，轻盈空灵，这是怎样一幅美不胜收的场景。

《春莺啭》在唐朝可谓风靡一时，不仅成为宫廷贵族、士大夫家宴及民间堂会舞蹈表演中必备舞曲，也随遣唐使传入了日本、高丽等国家。至今，日本、韩国还保留有《春莺啭》的传承表演。

安史之乱以后，一些宫廷乐曲随着宫中乐舞艺人流落民间，这些乐伶将自己所掌握的曲牌心口相传。如今，我们可以在被联合国教科文组织列入人类非物质文化遗产名录的"西安鼓乐"中欣赏和感受大唐歌舞的魅力。

长安里坊

大同殿

大同殿是兴庆宫中祭祀道教始祖老子的大殿，殿内供有老子的玉石雕像。据《长安志》载，殿前左右有钟楼、鼓楼，殿内五龙鳞甲飞动，每欲大雨即罩烟雾。大画家吴道子曾在这里作嘉陵江山水壁画。

画圣吴道子

吴道子，又名道玄，唐代著名画家，善画佛道、神鬼、人物、山水、鸟兽、草木、楼阁等，尤精于佛道、人物，长于壁画创作。其画作笔势圆转，所画衣带如被风吹拂，后人将此画技与飘逸的风格称之“吴带当风”。

《唐语林》中记载过这样一件趣事：吴道子去拜访一个和尚，和尚对他有些怠慢，吴道子就在僧房的墙壁上画了一头驴子。后来，这头驴子活了，把僧房里的东西踢得乱七八糟，和尚马上告饶谢罪，吴道子才把画涂掉了。驴子活了恐怕不能当真，但吴道子的绘画水准确实让人惊叹。

开元年间，吴道子被唐玄宗召到京都长安，授以“内教博

图为吴道子《八十七神仙卷》局部，画中神仙衣带飘逸，潇洒灵动，人物刻画细致入微，代表了中国唐代白描绘画的最高水平

士”，并命他“非有诏不得画”。从此吴道子便成了全职宫廷画家，常在兴庆宫中作画。天宝年间，一天唐玄宗早朝完毕后，在龙池中泛龙舟，看着池上碧水粼粼，笙歌画舫，心里好不得意。随后，他又来到刚刚竣工的大同殿，看见殿内供奉着老子的雕像，殿墙上却缺少装饰壁画，显得有些单调。他突发奇想，想要在这里看到人人称道的四川嘉陵江的景色风光，于是诏令吴道子在殿墙上画出嘉陵江春光佳景。

数月后，当吴道子游览了嘉陵江的山山水水之后回到长安，玄宗问他绘画的情况时，他回答说：“臣无粉本，并记在心。”吴道子把嘉陵江两岸山川壮丽优美风光高度概括凝练，画作跃然大同殿的墙壁之上，与此前大画家李思训在大同殿壁上画的山水之作相映生辉，堪称大同殿双绝。玄宗看了啧啧称赞，颇为感慨地说：“李思训数月之功，吴道玄一日之迹，皆极其妙也。”

长安里坊

第四章

赫赫皇城有趣史

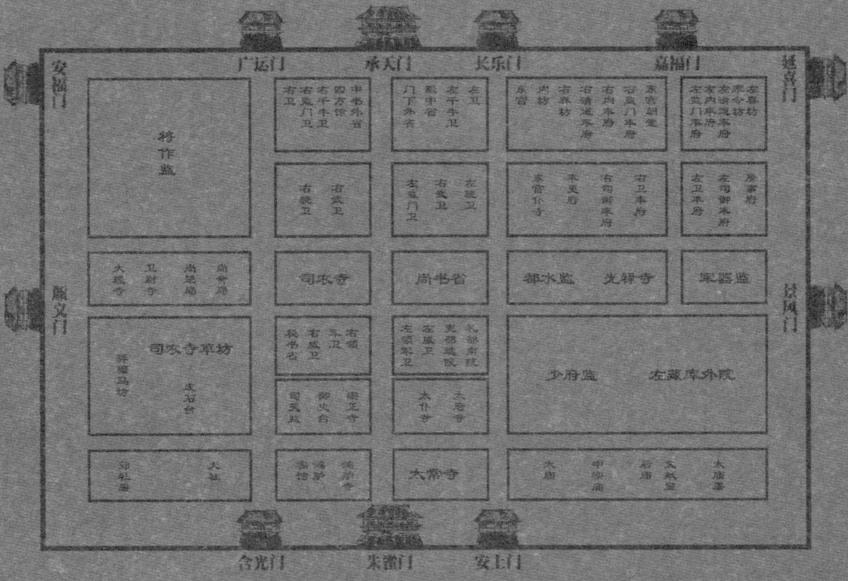

皇城俗称子城，是唐朝中央军政机构和宗庙的所在地，是全国封建统治中枢。今天的西安城就是由唐皇城直接发展而来的。

皇城与宫城之间由宽阔的横街（宽400多米）南北连接，这条街道不仅起到了保卫宫城的防御作用，也用来举办各种大型典礼和活动。皇城呈宫格式布局，由南北5条街道、东西7条街道分隔成若干个区域。最靠近宫城的机构主要是禁军驻地，负责宫城安保工作；中间就是各种中央行政机构，用于处理政务；再往南主要是宗庙场所。

大唐皇城的前世今生

皇城内的机构有五“省”、九“寺”、一“台”、四“监”，十四“卫”。（唐代政府机构有六“省”、五“监”、十六卫，其中，内侍省、国子监与左右金吾卫未设在皇城内。）除此之外，还有一小部分是太子办事机构。根据周礼“左宗庙、右社稷”的传统，城内东南角设有太庙，即天子的祖庙；西南角设有社稷坛，用来祭祀土神、谷神。

五“省”指的是在皇城内以“省”命名的机构，核心是三省：中书省、门下省、尚书省。中书省主要负责起草皇帝诏书；门下省负责审议政令；尚书省统领百官，掌管六部（吏部、户部、礼部、兵部、刑部、工部），执行经过中书省颁布、门下省审议通过的政令。其余两省的政治重要性就低一些：秘书省掌管经籍图书，相当于国家图书馆兼档案馆；殿中省掌管皇帝衣食起居。

图左为唐三彩文官俑，右为武官俑，文官仪态儒雅，神色沉静，气度非凡；武官神色威严，目光坚毅，微低头，显得忠诚可靠。武官头戴鹖冠，是盛唐流行的样式，“鹖”是古代善斗的鸟，冠上的鹖头朝下，两翼张开，似俯冲的样子，颇有震慑的作用

九“寺”是负责具体事务的机构，接受六部的命令。太常寺掌管郊庙礼乐祭祀事宜；光禄寺掌管祭祀及朝会酒食餐饮；宗正寺掌管皇室亲族的户口；卫尉寺掌管仪仗兵器、帐幕供设；太仆寺掌管厩牧舆辇；大理寺掌管刑狱；鸿胪寺掌管民族事务和外交；司农寺掌管仓储，供给京官俸禄，给祭祀朝会提供所需粮食物资；太府寺掌管财货、廪藏和贸易，相当于财务部门。

一“台”即御史台，是立法机构和中央监察部门，负责制定典章制度、刑法，监察、弹劾百官。

四“监”即少府监、将作监、都水监、军器监。少府监掌管手工业，给天子提供精美的御用器物，给后妃提供漂亮衣服、首饰，给百官提供官服、仪物，给宗庙祭祀场合提供器具；将作监主管国家土木工程营建；都

图为唐代章怀太子墓壁画中的侍卫形象，这些侍卫是太子侍卫，规格低于皇城内直接服务于皇帝的侍卫。这些武士皆着戎装，头裹幞头，上系红色抹额，身穿圆领白袍衣，随身佩器主要有弓、箭和横刀。他们腰间佩带的胡禄，就是兽皮制作的箭筒。内空的胡禄放于地面，还可以听见四面八方的动静，所以也叫“地听”

水监掌管水利工程；军器监主管兵器、盔甲制造。

十四“卫”指禁军宿卫，根据不同职能和等级分为七种，每种又分左、右，一共十四卫。级别最高的是左右卫，掌管宫廷禁卫，领军府五十；左右骁卫次之，辅助左右卫，领军府四十九；左右威卫再次之，主要守在皇城东面，领军府五十，大朝会时披黑铠甲；再次之左右领军卫，主要辅助守皇城西面及京城各门，大朝会时披青铠甲，领军府六十。左右监门卫，相当于门卫，负责出入宫门人员、财务的检查登记，左将军判入，右将军判出；左右千牛卫是皇帝贴身保镖，时时跟在皇帝左右，保护安全。

礼部南院

直播唐朝的科举考试现场

唐朝开元后期的科举考场设在皇城礼部南院的贡院。每年农历十一月至次年二月之间，还是天寒地冻的时候，来自国子监和各地州府层层选拔的一两千名考生都汇集在考场，人头攒动，麻衣如雪。

唐朝科举考试科目多种多样，有法律、数学、书法等，但大多数学子最看重的是进士考试，因为进士科考是治世扬名的好途径。唐代进士科的录取率要比中国现在一本大学录取率要低。来这里的考生有的已经考了几次，还有的屡考不中，头发已经花白，依旧奋斗在考场一线，颇为不易。

唐代的科考可是个力气活，那时候的考试一般分三场，三场并不连续，第一场及格的人方能进入下一场复试，每日一榜，第三榜为定。每场考试持续一天，早上5点至7点发试题，傍晚17点至19点收试卷。

那时候的考生进场的情景颇为壮观，不似现在拿个准考证、笔袋就进考场了，而是人人肩挑手提，携带着干粮、水、炉子、木炭、脂烛、餐具等。毕竟一考一整天，说不定还一天一夜呢，所以要带够吃的、喝的。为

进士及第（左其诚剪纸）

避免夹带作弊，还有胥吏搜身检查。考生们还互相称“必先”，想讨个“必定先中及第”的好彩头。

放榜后，及第的新进士犹如鱼跃龙门，九族光彩，会立即用泥金书帖附在家书中，然后到文庙报登科之喜。同时派人把消息传遍亲戚乡邻以及姻亲，家里敲锣打鼓，欢天喜地。这些幸运儿完成了“朝为田舍郎，暮登天子堂”的华丽转身。放榜恰逢阳春三月，新科进士们还往往会走马灯似的参加曲江宴集、慈恩寺塔题名、杏园探花宴等庆祝活动。正如诗人孟郊登科后的感言：“昔日龌龊不足嗟，今朝旷荡恩无涯。春风得意马蹄疾，一日看尽长安花。”

科普时间

探花探的是什么花？

唐代新科进士放榜后，朝廷会组织一场庆祝宴会，地点设在长安广植杏树的曲江池畔。因正值三月，杏花烂漫，故名“杏园宴”。宴会开始前，从新科进士中选出两名年少俊美者，骑马采花，选择行宴之地，遂称为“探花郎”。南宋以后，“探花”晋升为殿试第三名。

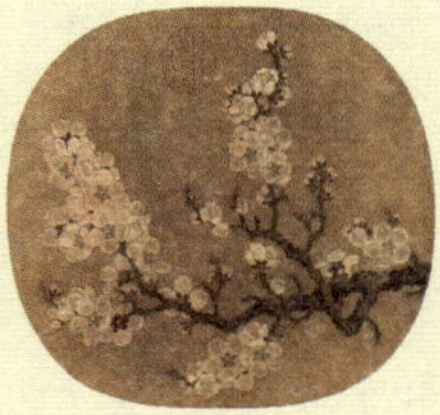

图为北宋赵昌画的《杏花图》，杏花洁白美丽，多为古人赞赏

“杏林得意”指的就是进士及第的意思。同时，杏花开于二月，报春最早，其时也是各地举子赴京会试之时，故而杏花又有“及第花”的美誉，古时的文人学子将杏花视为吉祥的花，予以特别的偏爱。

八卦传说

颜值即正义，唐朝也如此？

图为清代倪田绘的钟馗，图中的钟馗铁面虬髯，魁梧有正气

颜值从古至今都很重要，在唐朝也是如此，唐代的仕途也需要颜值加持。唐代科举笔试结束，还要通过面试，面试除了口才、文章以外，还要看考生身材、相貌是否丰伟潇洒，也就是看看身高和颜值过不过关，最低标准也是大众脸，太丑了可是会拉低整个大唐官员形象的。

中国民间传说中能打鬼驱除邪祟的钟馗，就是吃了颜值的亏。古书记载他是唐初雍州终南人（一说为西安鄠邑区人），生得铁面虬髯，相貌奇异；却是个才华横溢、满腹经纶、学富五车、才高八斗的人物，平素正气浩然，刚直不阿，待人正直。

相传，唐玄宗时期（一说唐德宗时期），他赴长安应试，作《瀛洲侍宴》五首，被主考官誉为“奇才”，笔试得了第一名。可是去吏部面试时，宰相竟以貌取人，迭进谗言，使其状元落选。钟馗抗辩无果，激愤难当，怒撞殿柱而亡，惊天动地，泣鬼恸神。皇帝只好以状元之礼将他葬于终南福寿岭。

有一年春天，玄宗出游骊山后久病不愈，一日睡梦中见一小鬼偷了杨贵妃的紫香囊和自己的玉笛，上窜下跳，绕殿而奔。这时，一位相貌奇异，头戴纱帽，身穿蓝袍，足踏朝靴的豪杰壮士前来将小鬼撕扯一番，囫囵吞食，他对玄宗说："吾乃终南进士钟馗也，因为相貌丑陋落选状元愤亡，因念皇恩，今誓与陛下除尽天下之妖邪。"玄宗梦醒后很快病愈了，遂下诏画师吴道子按照梦境绘成《钟馗赐福镇宅图》，封钟馗为"赐福镇宅圣君"，并批告天下：一年四季遍悬钟馗像，以祛邪魅佑平安。从此每逢春节、端午到来，民间都有悬挂钟馗像的习俗，以求镇宅辟邪，驱除疫病。

昔日唐太庙 今日名碑林

开皇二年（582），隋文帝创建新都大兴城时，拆了汉长安城原太庙的殿材，在大兴城皇城东南隅营建了隋太庙。唐朝沿用了隋太庙旧址，高祖李渊尊其前四代祖先奉于太庙。此后，唐朝每任皇帝驾崩后，继任皇帝便会附其神主入太庙供奉。唐长安城的太庙位置就是今天的西安碑林博物馆所在之处，辗转千年，这片土地到底发生了什么呢？

手绘碑林

唐末，长安城遭到毁灭性破坏，叛将朱温将宫廷百衙迁至洛阳，还拆除了长安城中的宫殿和民居，将木料沿渭河漂浮东下。昔日繁华的国都长安俄顷之间成为一片废墟。这场浩劫后，长安城被迫缩建，原存放在国子监的《石台孝经》《开成石经》等珍贵石碑文物被弃之郊野。五代时期战争频仍，流落被毁的石碑文物不计其数。100 多年后，北宋元祐二年（1087），陕西转运副使吕大忠将找到的《石台孝经》《开成石经》和欧阳询、颜真卿、柳公权等人所书的著名石碑搬迁到废弃的唐太庙内，并修建碑亭、碑廊，将其规范有序地陈列，藏石数量颇具规模，已具今日的碑林雏形。后经历代收集，规模逐渐扩大。

清道光年间，林则徐因虎门销烟后被发配伊犁，途经西安府，对这里珍贵的石碑文物颇是重视，亲笔题写“碑林”二字。民国三十三年（1944），在碑林基础上形成了陕西省历史博物馆，后更名为西安碑林博物馆。碑林博物馆藏品浩瀚，陈列有从汉到清的各代碑石、墓志，是收藏我国古代碑石时间最早、数目最大的一座艺术宝库，被称作“东方文化的宝库”。

皇城打卡

国宝级文物景云铜钟

碑林博物馆里不仅有石碑，里面的文物可谓“卧虎藏龙”，这其中就有一口铸于1300多年前唐睿宗年间的景云铜钟颇值得一提。这口大钟被称为“天下第一名钟”，在世界上都有很高的地位，是中国首批禁止出国（境）展览的文物。

唐景云二年（711），睿宗李旦巡游周至，夜宿行宫，梦见霞光满天，祥云缭绕，以此为吉兆，于是下令铸钟于此。这口大钟由青铜铸就，高约2.5米，重6吨左右，呈六角弧形。钟身有可以调节音律的“蒲牢”（传说中龙的第四子，好音好吼）形钟乳32枚，钟声纯美优雅，古朴清脆，洪亮悠扬。李旦又命人在钟身周围铸上翔鹤、走狮、腾龙、朱雀等图案，再加上祥云、蔓草图案装饰，整个钟面内容丰富，生动别致。李旦仍觉不足，便又亲自题写弘扬道教、赞扬此钟的铭文一段292字，找工匠刻于钟身正面。这段铭文是睿宗李旦为数不多的书法遗迹，字体飘逸俊秀，显得规矩而安静，也和他沉稳低调、闲云野鹤的性格相呼应，字如其人。

景云钟无论从历史价值、工艺价值、审美价值而言都是文物中不可多得的精品，值得一观。

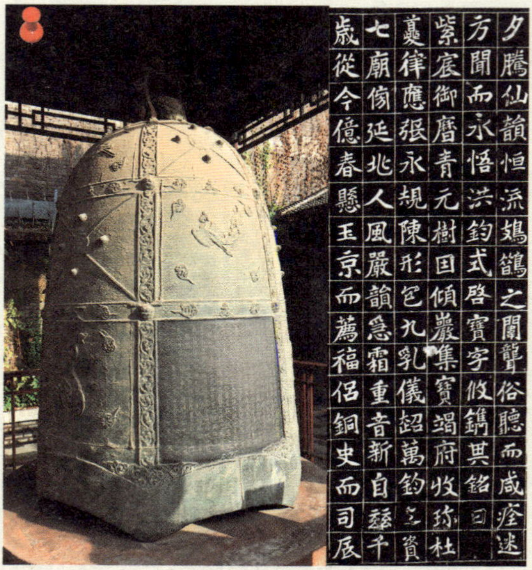

景云铜钟，图右是刻于铜钟上的李旦书法拓本

手绘鼓楼

司天监

身披袈裟的科学家僧一行

司天监是唐朝掌管天文历法的中央机构，曾在这里工作过的人中，有一位身披袈裟的高僧。他对唐代天文历法工作有着卓越的贡献，称他为科学家也不为过。他就是人生极具传奇色彩的僧一行。

僧一行本名张遂，曾祖是凌烟阁二十四功臣之一，家族到他这一代已然没落。张遂少年的时候就很聪明，记忆力非常惊人，他博览群书，涉猎广泛，且通达义理，对天文、历法、算学、阴阳五行学都很精通，青年时期即闻名于长安。

如果他就此走向仕途，飞黄腾达，故事也不算传奇了。当时，权势无二的武则天侄子武三思很仰慕他的才学，苦苦招募他到自己帐下。张遂却严辞拒绝，推脱不过竟毅然出家为僧，法号一行。后来睿宗也召他回朝，他依旧拒绝。时人都不明白他当时的选择，可从武三思不得善终的结局和后来频频政变的睿宗一朝来看，他无疑做了正确的选择。学识渊博不足为奇，顺时而为、超脱出尘的境界时人望尘莫及。

纪念僧一行的邮票

虽然是逃离政局而出家，他对待佛法的态度却是真心实意的。在出家为僧的日子里，他研习佛法、隐居修行、遍历山水，佛学造诣也非常高，翻译过多种印度佛经，成为佛教密宗的领袖之一。

他再次出现在朝廷中，已经是开元盛世了。开元九年（721），李淳风编定的《麟德历》出现了预报日食不准的情况，玄宗只好再次召天文专家僧一行来长安负责历法的修改工作。僧一行这次欣然应允，披着袈裟来到长安。实践是检验真理的唯一标准。一千年前的僧一

图为国清寺（浙江天台县）的一行禅师塔，一行禅师曾经到此寺请教关于《大衍历》的天文问题，还留下了“一行到此水西流”的奇妙故事

行也是这么认为的，他主张在实际测量的基础上制定历法。为了准确地观测天象，僧一行与机械制造家梁令瓒合作，创制出了黄道游仪和水运浑天仪两台天文仪器，并展开了几年扎实的天文观测工作。直到开元十三年（725），他才开始编写历法。他用两年时间完成草稿，定名为《大衍历》。

《大衍历》从开元十七年（729）开始颁布执行，一直沿用了800年之久，作为当时世界上最先进的历法，《大衍历》相继传入日本、印度，也深刻影响了这两个国家的历法。

完成《大衍历》的同一年，僧一行才45岁，他却像完成了使命一样离开了世间。消息传来，玄宗悲痛过度，辍朝三日，让国人瞻礼追悼，还出库银五十万，为一行建塔及铸制铜像，赐谥号“大惠禅师”，葬于今西安市临潼区的铜人原。

骅骝马坊

武则天驯狮子骢

司农寺骅骝马坊是为皇室饲养骏马的机构。《资治通鉴》中记载了一则武则天驯马的故事，颇为有趣。太宗贞观之治以后，天下承平日久，诸国纷纷臣服在大唐脚下，很多属国派使节带着贡品来到长安争相敬献。吐蕃知道太宗爱马，就派人给他送来了一批好马。其

武则天

中有一种叫“狮子骢”，是鬃毛像狮子的青白色骏马，神采飘逸，膘肥体壮，四肢强劲有力，据说能“日行千

里而不乏”。

太宗李世民戎马一生，他对好马的喜爱到了狂热的地步，知道有宝马献来，便高兴地带着大臣、妃嫔们前去观赏。狮子骢果然品相出众，却野性难驯，驯马师想靠近它都十分困难。一群人都被它踢伤了，难得有驯马师坐到了它背上，也立刻被甩了下来。吓得众人纷纷后退，面有惧色。

只有一个年轻的妃嫔面无惧色，还向太宗禀报自己能降服这匹烈马。这就是才人武媚娘，这时她还并不受宠，可能想以此吸引太宗的注意，给自己在后宫“升职加薪”创造机会。太宗笑问她怎么制服狮子骢，她直言：“臣妾需要三样东西，一条铁鞭、一个铁锤、一把匕首。先用铁鞭击打它，它不驯服我就用铁锤捶它的头，要是再不服，我就拿匕首割断它的喉咙！”

这个故事是武则天称帝以后，面对不满意自己的大臣讲的。她说太宗李世民听到她的回答以后大加赞扬了她。这个故事在两《唐书》里都没有记载，究竟是否存在不得而知，但是从武则天在太宗一朝一直不受宠爱来看，太宗听到这么一番铁腕驯马的言论后，大加赞赏的可能性是很小的。一来，这么血腥残酷的方法对待太宗热爱的宝马，太宗不龙颜大怒就很好了；二来，太宗是个铁血硬汉，面对这样一位铁血娘子，两人脾气硬碰硬，感情怕是很难和谐了，或许这也是媚娘的美色没有带来太宗宠爱的真正原因。

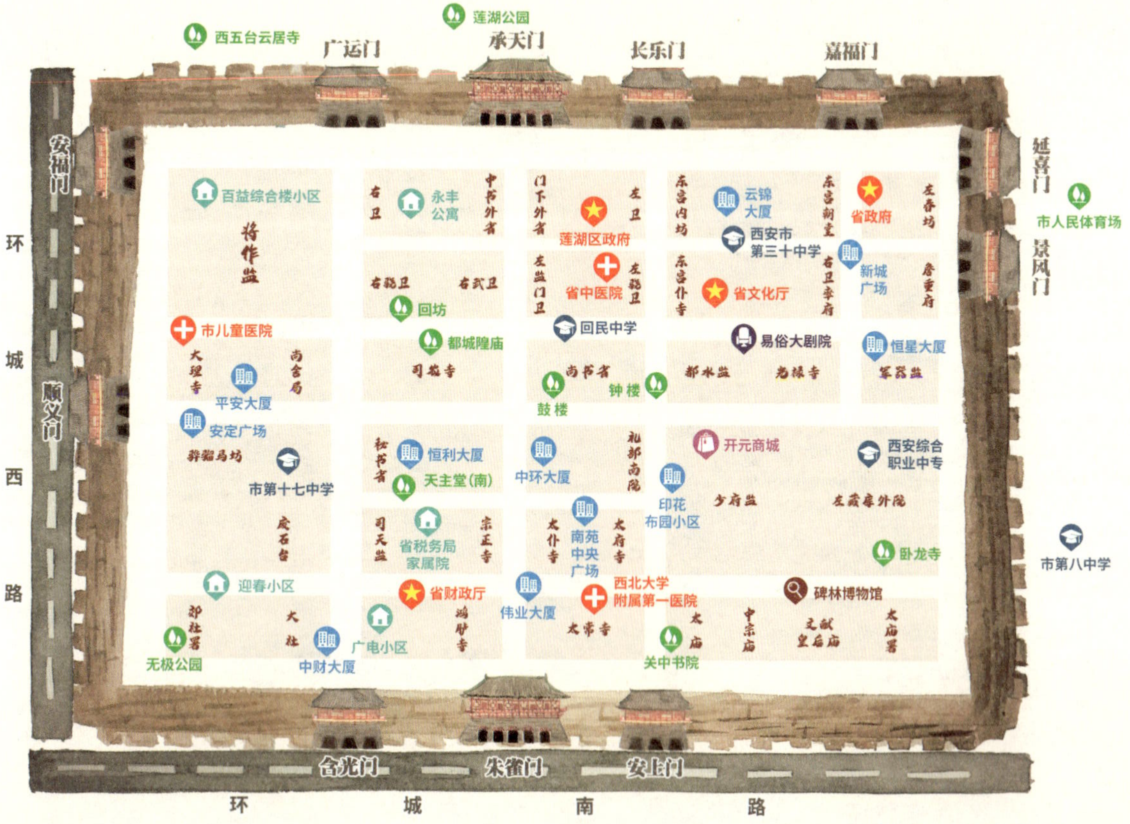

皇城原址古今对比示意图

长安里坊

第五章

太平坊 光禄坊
兴道坊 务本坊

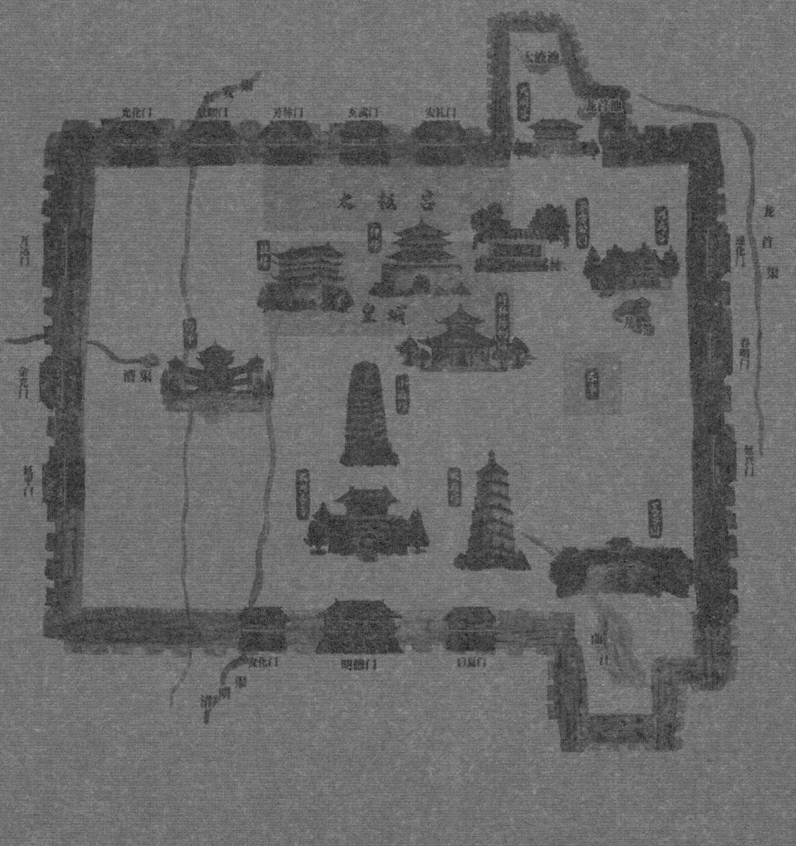

长安里坊

太平坊

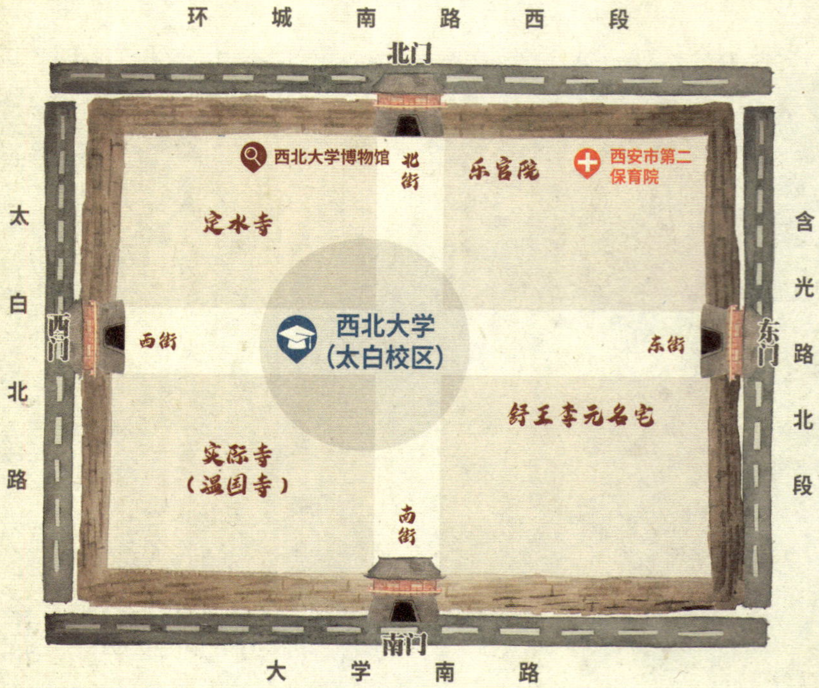

太平坊靠近皇城，是名副其实的天子脚下。作为长安城政治、经济文化活动的中心地区，人口相对密集。又因入衙上朝便利，坊内满布达官显贵的住所。坊内主要分布有乐官院、武成王庙、实际寺（温国寺）、定水寺，以及赵士茂（又称赵芬）、舒王李元名、御史大夫王鉷、给事中郑云逵、国医王彦伯、京兆少尹罗立言、中书侍郎同中书门下平章事裴坦等人的住宅和韦应物临时租借的房子。

武成王庙

祭祀武圣思国安

姜太公

唐开元二十七年（739），正是大唐走向鼎盛的时期，唐玄宗追谥孔子为“文宣王”，并在务本坊的国子监内建立文宣王庙，供学子祭祀，宣导以文治天下。安史之乱后，唐帝国进入了一个走向衰落的动荡时代。唐上元元年（760），唐肃宗尊姜太公为“武成王”，在太平坊立庙祭典，以期待国出良将，保国安邦，形成了东文西武祭祀二圣的格局。

王铁

玄宗的“钱袋子”和《长安十二时辰》的故事

王铁，唐玄宗执政中后期的宠臣，因为有理财的好本领又善于曲意逢迎、溜须拍马，成为玄宗的“钱袋子”，搜罗大量金银财宝供玄宗挥霍。玄宗对他宠幸有加，他权势最盛的时候，身兼二十多个要职。他为官搜刮民财，恶贯满盈；为臣欺上瞒下、徇私舞弊；为人嫉

据《旧唐书·食货志》记载，王铁为户口色役使，大肆搜敛财货，全部送进皇帝私人小金库“大盈库”。专门送进大盈库的器物都要在底部标记“盈”或“大盈”的字样。图为唐邢窑“盈”字款白釉盖罐，就是这段历史的见证

贤妒能、忘恩负义，成为唐朝历史上有名的佞臣之一。

尽管王鉷猖狂至此，玄宗依旧宠信王鉷。天宝十一载（752），玄宗收到密奏，告发王鉷的弟弟户部郎中王銲和邢縡联合谋反。他们计划勾结禁军，然后焚烧长安城门和东市、西市，造成混乱，再乘乱杀死宰相李林甫、陈希烈和杨国忠，继而夺权。这一事件就是小说《长安十二时辰》的历史事件原型。

玄宗执政后期纵然昏庸，对政权大事却毫不马虎，宁可错杀一千，也不会放过一个。因为信任王鉷，便派他去追查逮捕。玄宗根本没想到自己心里的“忠臣”却让他失望了。王鉷领命之后，为了庇护亲弟弟，不直接去捉拿叛军，而是叫人先将王銲从谋反之地支开。王銲

离开后，王铁才带领兵马逮捕了邢縡。在双方士兵激战的时候，邢縡的党羽高呼道："不要伤害王鉷。"一同前往的杨国忠剿灭反叛后，找玄宗告发王鉷参与谋反，唐玄宗依旧不信。唐玄宗特令赦免王鉷，但要他主动上书请求惩治兄弟的谋反大罪，王鉷不愿从命。玄宗终于看清了王鉷对他的忠诚度，勃然大怒，赐王鉷自杀，他的弟弟王銲被棍棒打死于朝堂。

罗立言

"甘露之变"丧性命

罗立言，中晚唐诗人，出身商贾之家，精通经营之道，不满于商人地位太低，便投身仕途。唐德宗时期中进士，大和年间，他贿赂工部尚书郑注为他引见李训，李训不久后拜相，罗立言的政治生涯也开始有了起色。可惜士大夫的势力在中晚唐已经没落，在这样的大局之下，罗立言在时代的洪流中没有实现自己的政治抱负，在有名的"甘露之变"中丧命。

安史之乱后，唐朝宦官势力开始坐大，宦官掌握了禁军大权，势力越发不可抑制，开始动摇皇权。唐敬宗就死于宦官之手，宦官拥立文宗作为傀儡，继续掌权。作为九五之尊，卧榻之侧岂容他人酣睡？文宗一直在暗自储备，希望一举除掉宦官。

郑注、李训探知皇帝的心思，便策划除掉宦官。宦官的势力雄厚，根基很深，除掉宦官无疑是一场豪赌。罗立言也加入了这场豪赌，他被任命为京兆少尹，知府事，在暗中储备军力。他在达官显贵遍布的太平坊购置华宅，饮宴歌舞，掩人耳目；暗地里接纳死士，收买侍从，做好起事的准备。大和九年（835）十一月二十一日，一场精心策划的诛杀宦官密谋上演。当日早朝，李训派人奏请文宗观看左金吾卫衙门后院的祥瑞——石榴树上有甘露降临，以此为名目诱骗宦官头目仇士良护卫文宗前往查看。左金吾卫衙门后院早已安排埋伏，仇士良狡猾，发现异常后挟持文宗，派禁军对抗。宦官势力雄厚，获得胜利，李训、罗立言大败，李训、郑注、罗立言等十几家被灭族，诛杀各级官员一千多人，"流血成渠"，京师大骇，这就是著名的"甘露事变"。

图为唐代章怀太子墓壁画《内侍图》，图中男侍均面部瘦削、颧骨突出，无胡须，应是宦官。图中宦官体形矮小，面部丑陋，神态猥琐，足见画家对其的鄙视态度

坊间打卡

西北大学的实际寺遗址

实际寺，本是隋薛国公长孙览妻郑氏舍宅。唐高宗永徽年间，善导大师以普化京都里坊之功，受朝廷关注，敕住实际寺，结束了长期客居的“山僧”身份，从此由“山僧”一跃而为“阿阇梨”（导师）。实际寺也成为净土宗的祖庭之一。

西北大学实际寺纪念亭碑

唐景龙元年（707），李重茂被封为温王，实际寺改名为温国寺。景龙二年（708），21岁的鉴真来到温国寺受具足戒，成为政府正式承认的僧侣，取得讲授佛学的资格证书。后来六次东渡，为中日文化交流做出杰出贡献。

1953年西北大学修建东操场时，发现一个钱窖，内存大量“开元通宝”和“乾元重宝”共计8490斤，折1035780枚（1035贯）。此后一直到20世纪90年代，西北大学原实际寺位置不断有佛像、瓦当、石经幢残片等唐代文物出土，这些文物都藏于西北大学博物馆。实际寺遗址上，建有实际寺纪念亭碑。

长安里坊

光禄坊

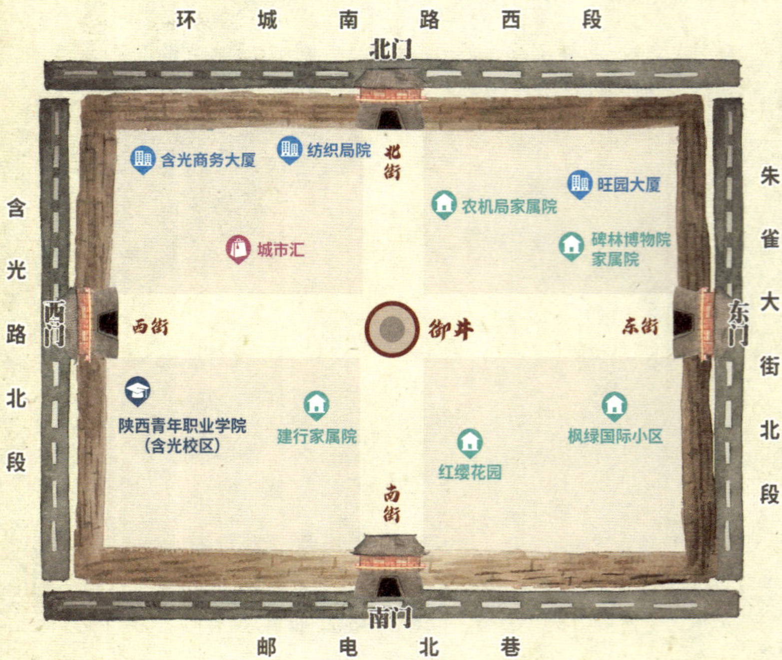

光禄坊，又称善和坊。坊内有司空兼门下侍郎孔纬、司农寺京苑总监副监梁琮、雅王府参军李公、邠宁节度使朱玫、柳宗元等人的宅第和福寿寺。光禄坊内有一口水井，水质清澈甘爽。开元中，宫人每天用骆驼将井水运入皇城和宫内，以供六宫和内厨使用。

孔纬

圣人后裔非等闲，三位状元出同门

孔子

孔纬，字化文，孔子第40代孙，唐代僖宗、昭宗两朝宰相。孔纬少年丧父，有孔缄、孔纁两个弟弟，兄弟三人皆由叔父养大。圣人后裔也非等闲之辈，三人都刻苦学习，考中状元，孔纬的儿子孔崇弼也是进士出身。孔纬博学多才，为人公私分明，忠良勇敢，是晚唐少有的贤相。

即使位居宰相、博学多才，孔纬也闹出过满长安城都知道的笑话。《太平广记》中就有这么一个故事：孔纬拜官的时候，很多人来前来道喜，门庭若市：教坊的伶人也来说吉祥话，讨点彩头，图点打赏。有一个名叫石野猪的伶人最先到，仆人报了名字，孔纬以为是“十野猪”来了，在打赏他的时候，便专门叮嘱道：“我家里不甚富裕，给不了丰厚的赠送，你见到众野猪，希望不要告诉他们我送给你什么。”想象一下，可能石野猪听到官老爷的嘱咐也是一头雾水。过了一会儿，又有一个伶人到了，孔纬见他手拿笛子，便索要过来看看，看了半天，指着笛子孔疑惑地问道："哪一个是吹浣溪沙的笛孔呀？"原来孔纬不懂音律，以为一个孔对应一首曲子呢，伶人们听了纷纷大笑。

柳宗元

前半生官场红人，后半生诗文大家

柳宗元，字子厚，是唐朝散文家、哲学家、文学家，"唐宋八大家"之一。他47岁就去世了，短短40余年人生，上半场他仕途顺利，扶摇直上；后半场他官场潦倒，却勤政爱民，笔耕不辍，在民间收获了好口碑，在文坛收获了永恒的地位。

柳宗元

柳宗元出生于河东柳氏的名门大族，祖上世代为官。他母亲出身也好，笃信佛教；父亲擅长诗文，为官清正。这样的家庭给了柳宗元良好的教育环境，也奠定了他"统合儒佛"的思想。贞元九年（793），21岁的柳宗元进士及第，在"三十老明经，五十少进士"的科考大背景下，柳宗元绝对算得上少年得志。柳宗元意气风发地开始了他的仕途生涯：24岁在秘书省任校书郎（国家图书馆管

图为广西柳州柳宗元纪念馆，建于 822 年，每年清明节，都有很多人来祭拜

理员）；26 岁成为集贤殿书院正字（从九品官）；29 岁柳宗元升为蓝田尉；31 岁，成为监察御史里行，负责监察百官，巡视郡县，纠正刑狱，可以直接向皇帝弹劾百官，官阶不高但是权力很大。

为官 10 年，柳宗元深刻认识到中唐的朝廷积弊，加入了“永贞革新”的队伍，向唐顺宗提出了抑制藩镇势力、遏制宦官专权，加强中央集权的改革方案。改革引起了宦官、外藩的强烈反对，两大集团联合立李纯为太子，逼顺宗退位。宪宗李纯成功即位，重用扶持自己的宦官，“永贞革新”才 100 多天就宣告失败。柳宗元等改革派纷纷被贬，柳宗元被贬为永州司马。这一年，柳宗元 33 岁，他的人生开启了下半场。

永州是当时用来流放罪人的地方，柳宗元从中央大员被贬成偏远地区的小官，境遇可谓天差地别。到了永州，连个正经住处都没分配，柳宗元拖家带口暂住在寺庙里。在恶劣的生活环境下，柳宗元的母亲因病去世了。接连的打击让柳宗元深感落寞，他将胸中的愤懑之情倾注于诗文：永州多蝮蛇，百姓为了抵重税不惜舍命捕蛇，他写下了《捕蛇者说》揭露当地弊政；想到朝堂那些威高无德的小人，他讥讽地写了寓言《黔之驴》；自知被朝廷封杀，官场升迁无望，写下了幽寂孤冷的《江雪》："千山鸟飞绝，万径人踪灭。孤舟蓑笠翁，独钓寒江雪。"在永州，一待就是10年。仕途顺利的时候，无暇顾及写作，没有了官场的纷扰，他广泛涉猎文史哲领域，文思泉涌，创作出大量隽永的诗文。

10年后，柳宗元被召回长安，同年又被贬至柳州。柳宗元已过不惑之年，他不再伤春悲秋，脚踏实地地为柳州的百姓做了很多好事：兴办学堂，鼓励小孩念书；发布政令，使那些沦为奴婢者可出钱赎身；开凿水井，造福一方；组织闲散劳力开荒垦地，种树种菜，鼓励发展生产，受到当地百姓的爱戴。柳宗元最终在柳州任上因病去世，享年只有47岁。

长安里坊

兴道坊

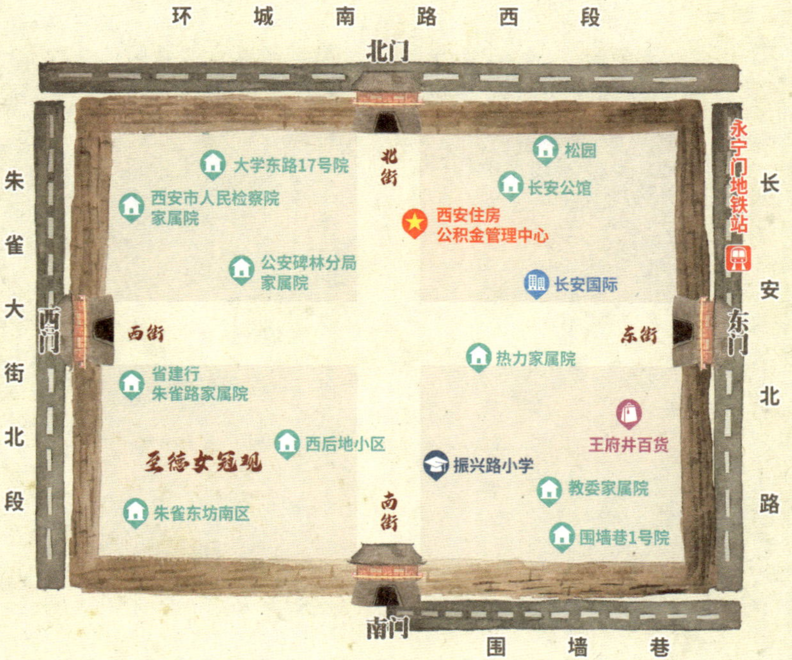

兴道坊位于皇城南面，朱雀大街以东的万年县的第一列的第一坊，因此被后人誉为“长安城第一坊”。在唐朝时期，这个坊有著名的至德女冠观、太平公主宅（后为李令问宅）和旅馆等。

至德女冠观

女道观男住持的故事

图为清代画家改琦所绘《元机诗意图》，图中女子为唐朝时期知名女道士、女诗人鱼玄机，据说她倾国倾城、才思过人，与温庭筠是忘年之交。因为做妾室不为妻所容被迫出家成女冠，最后因嫉妒打死婢女，被处死

兴道坊的西南角，有一座女道观，名叫至德女冠观，建于隋开皇六年（586）。隋文帝建国时，曾受到道士相助，因此在大兴城建此道观。唐灭隋以后，高祖李渊奉老子为祖先，道教地位大大地提高了。不仅此观得以沿用，长安城里还新建了不少道观。道教信众越来越多，唐朝开放，女道士也不少。她们头上多戴冠，当时其他女子是不戴冠的，因此，女道士又称作女冠。唐朝出现了李冶、鱼玄机等著名女道士，她们才貌双全，有不少风流韵事流传下来。

唐代妇女奉道的原因是多种多样的：有的出于对宗教的热爱，立志做一个清心寡欲的道教真人；有的自幼体弱多病或身患重病，希望借着道教神力来增强体质或消除疾病，追求长生不老；有的则看重女冠中常有贵族，如公主之类人物，想借此身份寻机接近权贵改变自己的命运；甚至还有的以道观为据点，做起出卖色相的皮肉生意。

至德女冠观在唐朝时有一件奇事，很可能创造了历史上女道观男住持的“吉尼斯纪录”。唐宣宗当政时，曾微服到此，看到观内的女道士多盛服浓妆，有伤风化，周边百姓也颇有微词，回到宫中遂宣诏将这些浓妆道姑遣散，另选两名男道士来住持其观。

太平公主宅

被亲侄子赐死的太平公主

兴道坊里居住过唐朝一位鼎鼎大名的公主——太平公主，她出身显贵，宅子自然很大，面积占了兴道坊的1/4。太平公主是唐高宗李治与武则天的小女儿，她小时候曾代外婆杨夫人（武则天母亲）在道观修行，因道号“太平”而得名。太平公主继承了母亲武则天的貌美基因，方方的额头，圆润丰满的脸颊，美得雍容大气。她不仅长得像武则天，连沉敏多谋的性格也和母亲武则天一模一样，因此这个唯一的女儿极受武则天的宠爱，

图为唐代韩幹画的《照夜白图》，“照夜白”是太平公主的侄子玄宗李隆基最爱的一匹马

养成了跋扈骄纵的性格。

太平公主在16岁时，嫁给了自己的表哥薛绍。他们的婚礼非常隆重，照明的火把烧焦了沿途的树木，为了宽大的婚车通过，拆除了万年县馆的围墙。他们婚后生了二男二女，太平公主怀第四个孩子的时候，薛绍因为长兄拥立李唐皇室、反对武则天而被诛杀。

薛绍的惨死对太平公主的打击应该是巨大的。平日那么疼爱自己的母亲为了权势，竟然杀死自己的爱人，况且薛绍没有直接参与谋反。感情在权势面前的不堪一击，让太平公主从此对婚姻心灰意冷，对权势的恐惧和渴望就此成为太平公主性格的底色，也就此成为她一生的桎梏。嫁给第二任驸马武攸暨以后，她大肆包养男宠，和朝臣通奸，不断扩大自己的政治势力，还把自己的男宠张昌宗献给母亲武则天以巩固自己的地位。武则天晚年让位给太平公主的二哥李显，李显为人庸懦，被想效仿武则天称帝的韦后毒死。太平公主不允许权势旁落，和侄子李隆基发动政变一起灭了韦后集团，史称唐隆政变。政变后，太平公主因功被赐“镇国太平公主”，在朝中权势一时无二。为了继续扩张自己的势力，太平公主不惜暗使宫女给侄子李隆基下毒，想毒死太子，自己掌握大权。结果，李隆基反将太平公主集团官员逮捕斩杀，太平公主最后在自己宅子里死去。这就是历史上著名的“先天政变”。这位肤白貌美、曾集万千宠爱于一身、权倾朝野的公主，最终在残酷的政治斗争中香消玉殒，她起伏跌宕的人生以“权倾朝野欲亲政，博弈先天化浮云”的结局告终，令后人唏嘘不已。

公主美容方

太平公主生得貌美动人，肌肤洁白如雪，光滑柔润。据民间传说，她常年使用的美容偏方是将每年农历三月初三的桃花阴干，研为细末，七月初七收鸡血调和，用以涂面擦身。

长安里坊

务本坊

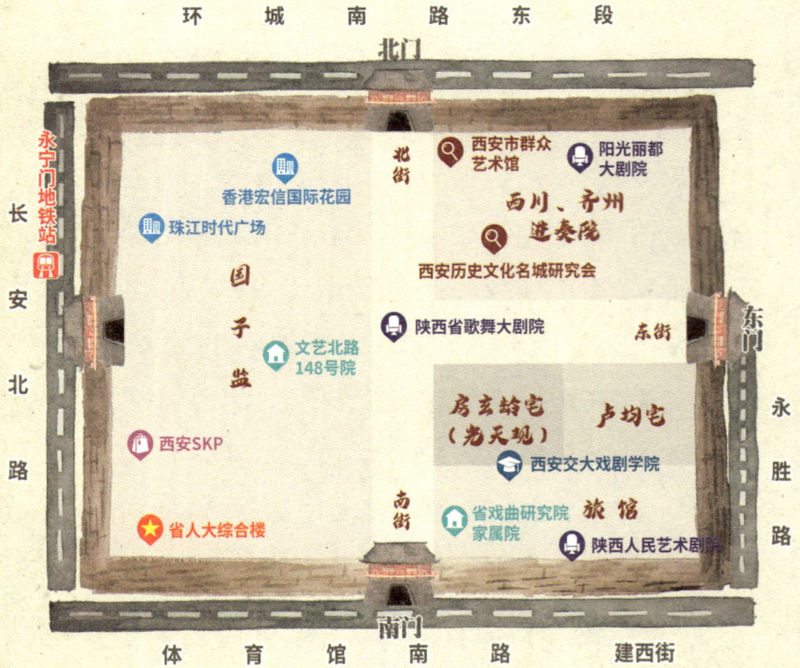

务本坊里坐落着唐代的最高国立学府——国子监，它是众多的学子通向仕途的桥梁。另外，坊内还先后分布有光天观（房玄龄宅）、程怀直宅、张茂昭宅、于德晦宅。其中，光天观原为房玄龄的住宅，大致位于今陕西省戏曲研究院一带。

国子监

学霸与官二代的聚集地

务本坊十字纵街以西之地，大概半坊之地，就是唐朝时官办最高学府国子监。在隋文帝杨坚创立科举制度的基础上，唐朝的科举范围扩大，并建立相应的学校。朝廷除了设立皇室成员就读的高级大学崇文馆、各级官员子弟就读的普通大学弘文馆外，还有平民和外国人可以就读的官办最高学府国子监。

国子监，下辖国子学、太学、四门学、律学、书学、算学 6 个学院。这些学校主要招收贵族官僚子弟，也招收少量优秀的平民子弟，由博士与助教授课，就读的学生统称生徒。

国子学、太学、四门学传授以九经为主的儒学经典。国子学只招收三品以上、国公子孙，以及从二品以上曾孙，招收生徒 300 多人；太学则招收五品以上文武官员、郡县公子孙，以及从三品曾孙为生，招生 500 多人；四门学兼收七品以上文武官员及侯伯子男的儿子及庶民之中“俊士科”的俊士生，招生 500 人。律学、书学、算学教授实用学问，收纳八、九品官员及庶民之子中才智杰出者，招生 30 人至 50 人。

国子监旨在培养官僚书吏，亦为科举考试服务，名望好的生徒保送参加科举考试。科举考试分为常举和制举两种：常举是每年分科举行的科举，制举是皇帝临时下诏举行的科举。常举科目有明经、进士、明法、明书、明算等，其考生一是保送的生徒；二是乡贡选拔出来的自学者。应考举子主要集中在明经和进士两科。明经科主要考试儒家经典，难度较低，录取率为 10% 至 20%。进士科主要考诗赋和政论，难度高，是晋阶高官的主要途径，录取率是 1% 至 2%。唐朝，进士科特别难考，30 岁考中明经算是年龄大的了，50 岁考上进士都算年轻的了，时有谚曰：“三十老明经，五十少进士。”

图为遣唐使返回日本图，日本为了学习大唐文化，先后派出十几批遣唐使团漂洋过海来学习，旅途是非常危险的，不少人途中就失去了生命。来到长安的人很多在国子监里学习，阿倍仲麻吕就是其中成绩突出的，后来还考中了进士，留在长安当官。大多数人还是回到日本，把学来的政治制度、文化、经济、建筑、艺术等先进成果用于日本社会发展

坊间揭秘

1000 多年前的《石台孝经》

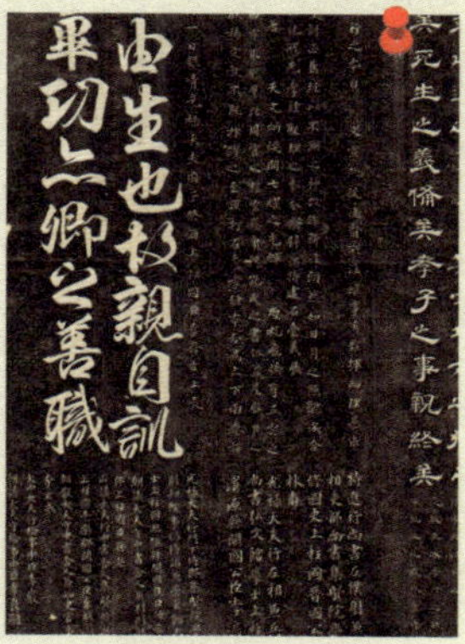

《石台孝经》拓本局部

唐天宝四载（745），国子监的太学院里迎来一件重量级宝物——石台孝经。它是由唐玄宗亲自隶书书写并做了注解的《孝经》，太子李亨篆额，刻在4块6米×1.2米的方柱形青石碑身上，碑头为方形卷云浮雕，石碑置于三层方形石台之上，因此被称为《石台孝经》。《石台孝经》迁建于西安孔庙（今碑林博物馆）之后，历经金、元、明、清诸代，至今还完好无损地保存在那里，有1000多年的历史，是国宝级文物。

房玄龄

夫人乃是“吃醋”鼻祖

务本坊里曾经住过一位鼎鼎大名的唐初宰相——房玄龄。房玄龄善诗能文，博览经史，18岁中进士。隋朝末年，乱世之际房玄龄投靠秦王李世民，并在武德九

唐初名相房玄龄

年（626）参与谋划玄武门之变，帮助李世民夺得皇位。房玄龄善用谋略，“房谋杜断”这个成语前半部分就是夸赞房玄龄的。

房玄龄一生运筹帷幄、安定社稷、精诚奉国，是千古流芳的贤臣良相。但是他也有软肋——他的夫人，他可是出了名的怕老婆。民间相传，房玄龄因为怕自己的夫人，一直不敢娶小妾。唐太宗李世民为感谢房玄龄为大唐尽心尽力，欲赐 12 名女子给房玄龄，以照顾他的饮食起居，表彰房相为国操劳之苦。房玄龄夫人得知这个消息以后坚决不同意。唐太宗大怒，召房夫人入宫，让她在同意房玄龄纳妾和自饮毒酒中选择一个。谁知道房夫人生性刚烈，毫不犹豫地端起毒酒，一饮而尽。过了一会儿，房夫人并没有死，疑惑之际，看到李世民在哈哈大笑。原来，唐太宗是故意吓唬房夫人的，并没有什么毒酒，她喝的只是一杯浓醋。这个故事在唐朝很有名，房夫人也成了远近闻名的“妒妇”。而“吃醋”从此以后和男女感情中的嫉妒挂上了钩，流传至今。可是很多人不知道，原来房玄龄夫人就是“吃醋”的鼻祖。

长安里坊

第六章

通义坊 通化坊
开化坊 崇义坊

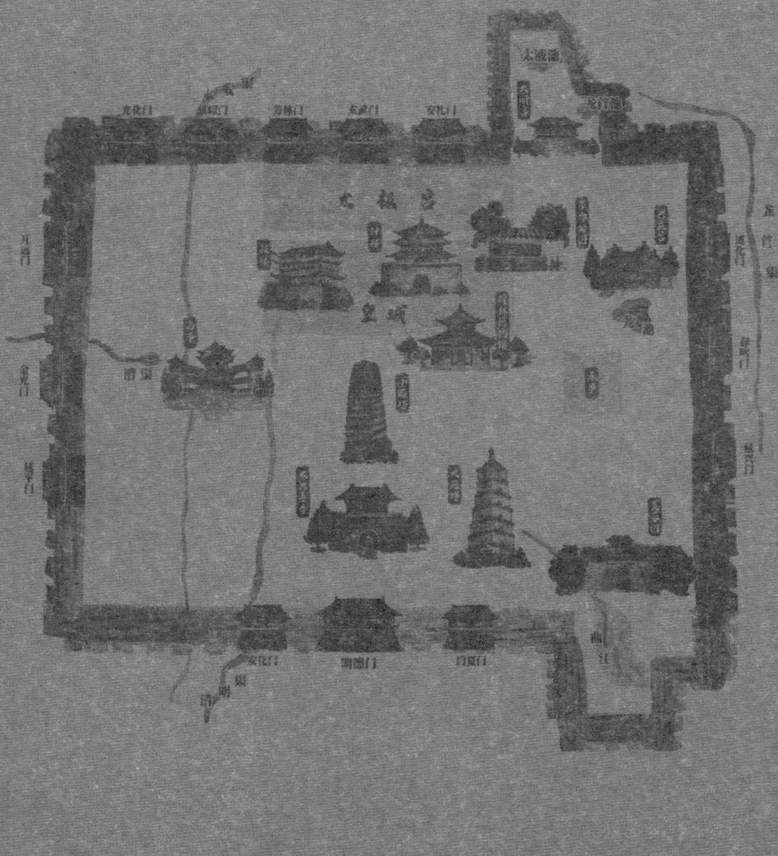

长安里坊

通义坊

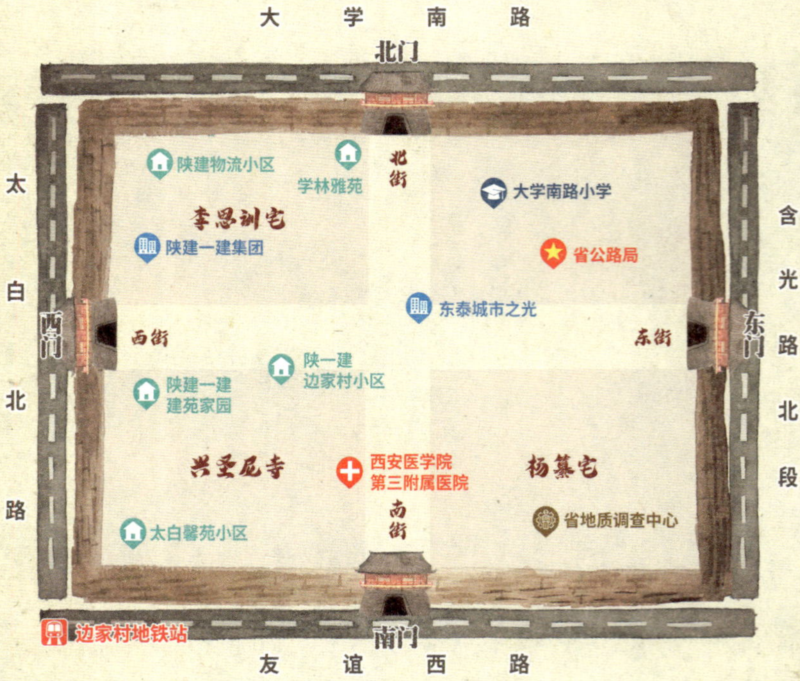

通义坊是个水源丰富的里坊，环绕长安的“八水”之二漕渠与清明渠就在这里交汇。2009 年陕西省考古人员在通义坊遗址新发现了 11 口唐代水井，有的还有水。坊内主要分布有兴圣尼寺、右羽林大将军李思训宅、朔方节度使李进贤宅、户部尚书杨纂宅、荆南节度使崔铉宅、秘书正字徐夤宅。

兴圣尼寺

潜龙兴圣孕大唐

兴圣尼寺原为唐高祖李渊的宅邸，武德六年（623）改为通义宫。武德元年（618），高祖在通义坊立四庙，供奉宣简公以下先祖，同时大宴群臣，引见邻里父老，颁赐有差。贞观元年，李世民将通义宫改立为兴圣尼寺。据史料记载，武则天统治的天授年间，兴圣尼寺中柿子树枯死，景云二年（711），睿宗统治年间枯柿树复生，大赦天下。当然，这样的记载明显是在附和李唐王朝复兴的政治需要。

李思训

“北宗”画派之祖

李思训，唐朝宗室，唐高祖李渊堂弟长平王李叔良之孙，著名宰相李林甫的伯父。李思训在唐高宗李治时期官职就做到了江都令。后来武则天谋害唐宗室，许多宗室贵族被陷害，李思训便在这时弃官潜匿。直到唐中宗李显复位，他才出来继续做官。玄宗时期，官至右武卫大将军，世称“大李将军”。

李思训最值得一提的不是他的贵族身份，而是他的艺术家身份。他善画山水、楼阁、佛道、花木、鸟兽，常常以金碧青绿的浓重色彩描绘山水，风格独树一帜。据《唐朝名画录》记载，天宝年间，唐玄宗召李思训为大同殿的照壁作山水壁画，李思训精雕细刻，几月方才完工。后来有一天，玄宗召来李思训，惊喜地对他说："爱卿，你的山水照壁画太绝妙了，晚上能听见水声！你可真是通神高手，堪称国朝山水画第一啊！"

唐代李思训《江帆楼阁图》，画面设色精丽，水纹生动，呈现了唐代山水画的较高水平

李思训的山水画主要师承隋代画家展子虔的青绿山水画风，并加以发展，形成意境隽永奇伟、用笔遒劲、风骨峻峭、色泽匀净而典雅，具有装饰意味的工整富丽的金碧山水画风格，后世尊其为"北宗"之祖。此派的山水风格，现在章怀太子墓和懿德太子墓壁画还可以看到。

长安里坊

通化坊

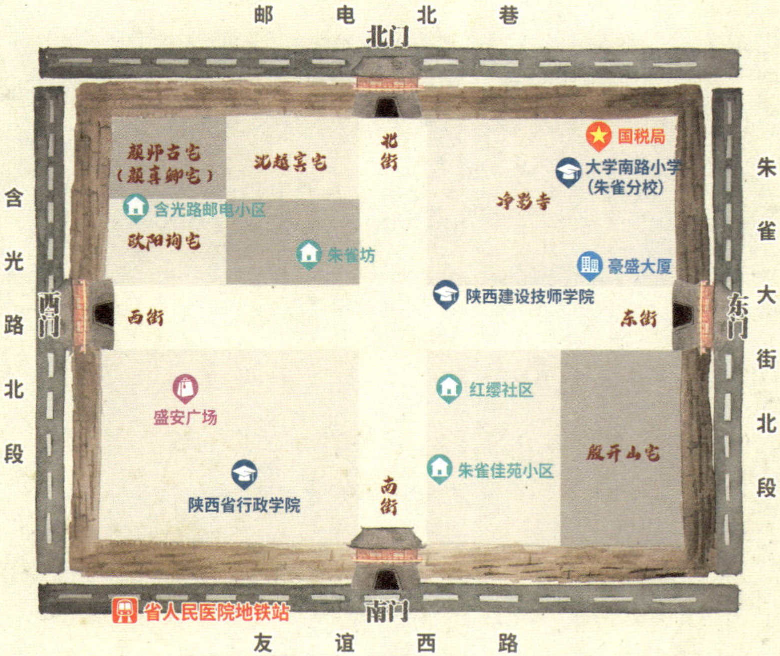

唐代初期著名的书法大家多居住在通化坊，留下的墨宝、碑帖至今依然是书法艺术殿堂上的经典之作和无法逾越的高峰。坊内主要分布有秘书监颜师古、郧国公殷开山、太常少卿欧阳询、著作郎沈越宾、中书主书冯承素、郑国夫人杨氏（武惠妃之母）、京兆尹韦武等人的住宅和净影寺。

颜师古

割鸡焉用牛刀的有志少年

颜师古

颜籀，字师古，陕西西安人。隋唐时期经学家、训诂学家、历史学家，他的传世著作《汉书注》《匡谬正俗》在学术研究领域有很高地位。颜氏书香满门，颜师古的爷爷是名儒颜之推，后代也有大书法家颜真卿，其他的成员基本也是名士。

颜师古博览群书，不仅学术水平很高，做官也很厉害。隋仁寿年间，尚书左丞李纲推荐颜师古担任安养县尉。尚书左仆射杨素见这个少年身形羸弱，就问："你如何治理好这样的大县？"颜师古却一脸自信地回答道："割鸡焉用牛刀。"杨素当时对这个夸口少年的表现很吃惊。但一如颜师古所言，他的政绩相当突出，远近闻名。后来官做得更大。

据骆天骧《类编长安志·山陵冢墓》载："颜师古墓在咸宁县南二十里。"

颜真卿

铁骨铮铮的书法大师

颜真卿是颜师古五世从孙，字清臣，小名羡门子。提起颜真卿，后人首先会想起他的书法艺术：楷书端庄雄伟，行书气势遒劲。他是楷书四大家之一，与柳公权并称“颜筋柳骨”。其实，颜真卿正气凛然、忠君爱国的人品并不亚于他卓越的书法才华。

颜真卿少年丧父，母亲殷夫人亲自教育他。颜真卿读书很刻苦，家风优良、勤奋努力的他 25 岁就进士及第了。他为官清正，能力出众，但因为直言进谏、不阿谀权贵经常得罪人，官一直做得不大。天宝年间，颜真卿出任殿中侍御史，后遭到宰相杨国忠的排挤，杨从中央把他贬到平原当太守，世人称他“颜平原”。

平原郡当时属于安禄山管辖的地区，颜真卿早早就发觉安禄山有叛乱的苗头，提前加固城墙、准备粮草。安史之乱爆发，河北大多数郡县望风投降，只有颜真卿立刻上奏玄宗，并率义军对抗叛军。玄宗起初听到安禄山叛乱的消息很吃惊：“河北二十四个郡，难道就没有一个忠臣吗？”看到颜真卿奏疏，大喜：“这个颜真卿是什么人？做事这么出色！”可见当时的朝廷有多么乌

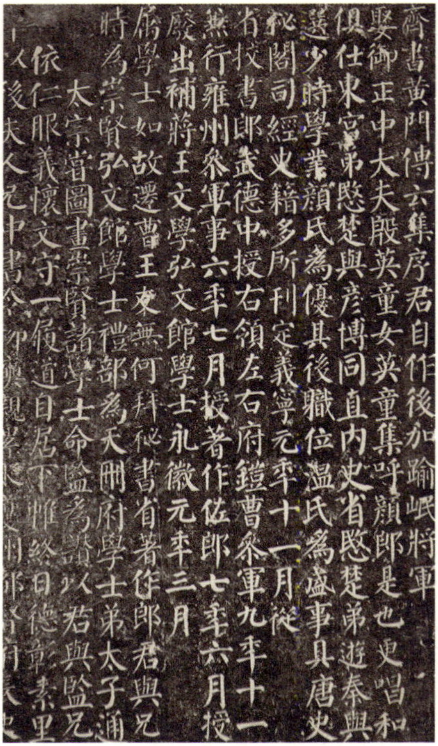

图为《颜勤礼碑》（局部），是颜真卿71岁时为其曾祖父颜勤礼所立。碑中的楷书是颜真卿晚年艺术风格集大成的定格之作，书法气势磅礴，苍劲有力，透出浩然正气，一如铁骨铮铮的颜真卿本人。此碑为国宝级文物，现藏于西安碑林博物馆

烟瘴气，这样有才华的忠臣做官近二十年了，玄宗竟听也没听说过。宠臣安禄山却谋反叛乱。颜真卿很有谋略，在平叛安禄山的战争中一直是先锋，立有大功。安史之乱后，玄宗儿子李亨继位，重用颜真卿，他帮助朝廷陆续收复失地，并整肃朝纲。

颜真卿忠正刚直，恪守礼法，相继得罪了历任宰相元载、杨炎、卢杞等人。奸相卢杞上位以后，想报复颜

真卿又忌惮他四朝老臣的地位，最后终于等来机会。建中三年（782），淮西节度使李希烈举兵反叛，次年，攻陷汝州。卢杞向皇帝建议：派威望高的老臣颜真卿去李希烈军中宣旨，以求感化李希烈。德宗李适对卢杞宠信有加，这样荒谬的建议他也答应了。75岁的老人颜真卿接旨，毅然奔赴无归之途。

李希烈畏于颜真卿的名望妄图拉拢他，请颜真卿赴宴。颜真卿不为诱惑，义正词严痛斥李希烈，被李希烈囚禁起来。颜真卿身处困境，估计自己要被杀死，就写了临终前的奏章，并为自己写了墓志铭、祭文，常常指着卧室西边墙壁下面说："这是我安息的地方。"他遇害后，嗣曹王李皋及三军将士皆为之痛哭。德宗废朝五日，追赠司徒，谥号"文忠"。

欧阳询

相貌奇特的书法大家

欧阳询，字信本，是唐朝著名书法家，与同代的虞世南、褚遂良、薛稷并称"初唐四大家"。他的"欧体"书法至今还是唐楷学者的首选。欧阳询参与主持编纂的《艺文类聚》是花费3年的大部头著作，成为"唐初四大类书"之一。

欧阳询字体秀劲、疏朗，但相貌却不那么端正，颇为奇特。两《唐书》中记载：欧阳询相貌丑陋古怪，常被众人指指点点，引为谈资。文德皇后的丧礼上，百官都戴孝举哀，欧阳询也在其中。中书舍人许敬宗看到欧阳询披麻戴孝的样子觉得滑稽可笑，当场大笑不止。许敬宗还因此被御史弹劾，被贬为洪州司马。

图为欧阳询书《皇甫诞碑》局部拓本，属于欧阳询早期书法作品，已具备严整、险绝的基本特点，工整是整体的感觉，但定睛细看每一个字，皆有其风骨力量，部分字久看甚至能感受出文字最核心的含义。相传，顶级的书法作品可以使人悟出天地人之间的大道。此碑现藏于西安碑林博物馆

《大唐新语》也记载过相关的故事：唐太宗设宴招待身边的大臣，君臣玩得尽欢，互相戏谑。欧阳询因为长得瘦削丑陋，被长孙无忌作诗讽刺：“耸膊成山字，埋肩不出头。谁家麟阁上，画此一猕猴？”诗句讥笑欧阳询耸肩缩脖，活像只猴子。欧阳询马上回敬一首：“索头连背暖，漫裆畏肚寒。只由心混混，所以面团团。”嘲笑长孙无忌胖得圆滚像面团。

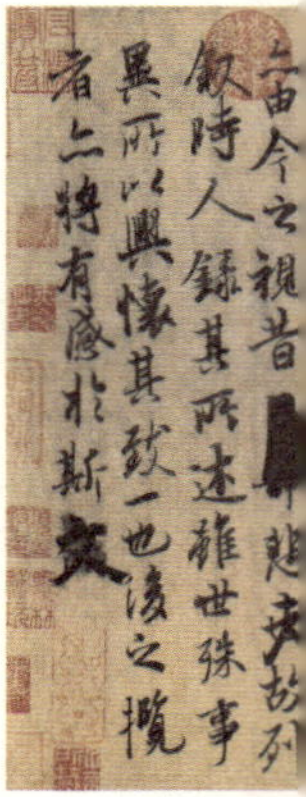

冯承素

以假乱真的临摹大师

冯承素，字万寿，唐代书法家。贞观时在弘文馆当职。他极善草隶，临摹手艺一流。李世民得到珍贵的书法真迹，常常会让他与赵模等人临摹，然后把临摹作品赏赐给王亲大臣。

在冯承素的临摹生涯里，最值得他骄傲的就是王羲之《兰亭序》摹本，即现存的《冯摹兰亭序》。据说，唐太宗李世民得到《兰亭序》真迹后爱不释手，敕命当时的摹书高手韩道政、冯承素、诸葛贞等人用双钩填廓的方法摹拓了好几本，分赐给皇太子、诸王、近臣。我

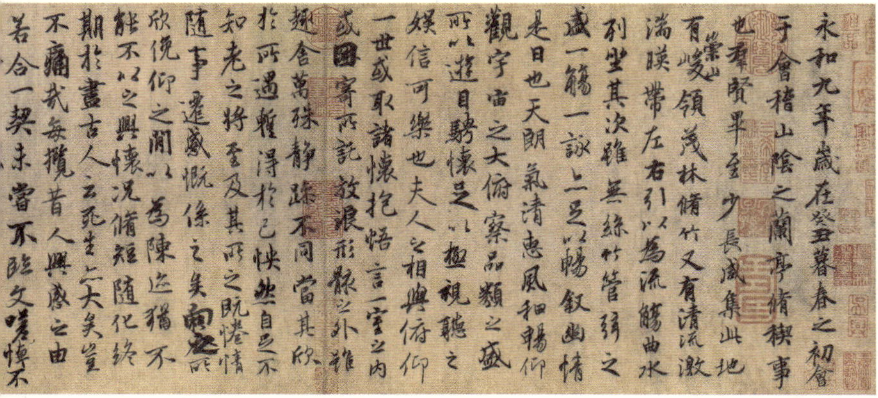
永和九年歲在癸丑暮春之初會
于會稽山陰之蘭亭脩禊事
也羣賢畢至少長咸集此地
有崇山峻領茂林脩竹又有清流激
湍暎帶左右引以為流觴曲水
列坐其次雖無絲竹管弦之
盛一觴一詠亦足以暢敘幽情
是日也天朗氣清惠風和暢仰
觀宇宙之大俯察品類之盛
所以遊目騁懷足以極視聽之
娛信可樂也夫人之相與俯仰
一世或取諸懷抱悟言一室之內
或因寄所託放浪形骸之外雖
趣舍萬殊靜躁不同當其欣
於所遇暫得於己快然自足不
知老之將至及其所之既惓情
隨事遷感慨係之矣向之所
欣俛仰之間以為陳迹猶不
能不以之興懷況脩短隨化終
期於盡古人云死生亦大矣豈
不痛哉每攬昔人興感之由
若合一契未嘗不臨文嗟悼不

图为《冯摹兰亭序》局部，摹本卷纵 24.5cm、横 69.9cm，因卷首有“神龙”年号的小印，所以又称冯承素摹本为“神龙本”或“神龙兰亭”

们现在能见到的《兰亭序》唐代临摹墨迹本有虞世南、褚遂良的临本和冯承素的摹本，其中以冯承素摹本最为有名，对后世的影响也最大。冯承素极有工匠精神，临摹帖中破锋、断笔均精细入神，体现出王羲之书法的遒媚多姿、神清骨秀的艺术风格，极其接近真迹。

长安里坊

开化坊

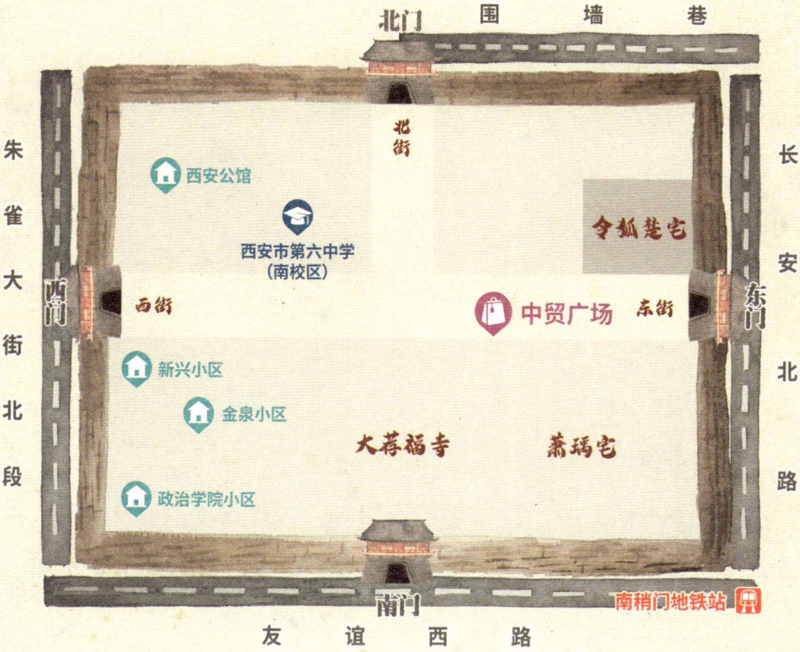

隋炀帝杨广即位前，曾作为藩王在此坊居住，初唐时唐中宗李显登基前的英王府也曾在此坊，一个里坊先后出过两位帝王，故开化坊被称为“潜龙旧宅”。唐朝很多名臣都曾在此居住，如萧瑀、令狐楚、韩滉、盖文达、李光颜、崔垂林、崔允等。坊内还曾建有寺院（如大荐福寺北苑、法寿尼寺），酒馆，客舍。

萧瑀

“疾风知劲草，板荡识诚臣”

开化坊曾经住过一位唐朝历史上很有影响力的名臣，由于他的政治地位显赫，他的宅子也占了开化坊的1/4。萧瑀，出生于当时已经亡国的南朝梁宗室后裔之家，出身可谓极其显贵。他一生经历隋、唐两朝，经历巨大的风云变幻，却始终站在朝廷的权力中心，而且他的后代中有多人为相，萧氏家族与唐朝兴旺发达相始终。

图为清代刘源画的《凌烟阁功臣图》中的萧瑀形象

萧瑀为人忠诚亮直，不徇私情，极富有政治智慧。在他的一生中，面临了多次政治站位选择，每一次，他都选对了。在隋炀帝时期，他虽然是当朝萧皇后的亲弟弟，却加入了李渊的反隋阵营，从前朝国舅一跃成为唐的开国功臣之一，图形于凌烟阁。在高祖李渊时期，李渊长子李建成和次子李世民的夺嫡之战越演越烈，萧瑀自始至终坚定地站在李世民的一边。玄武门之变后，李世民成功即位，因为感谢萧瑀的支持，多次让他出任宰相，还专门赐给萧瑀一首诗：

“疾风知劲草，板荡识诚臣。勇夫安识义，智者必怀仁。”

贞观二十一年（647），自小和萧瑀相依为命的姐姐萧皇后去世，萧瑀深受打击，身染重病而死，时年74岁。

令狐楚

李商隐与老师的恩恩怨怨

开化坊也曾居住过唐代著名诗人李商隐的老师——令狐楚。令狐楚以诗文卓著而名载史册，以出将入相而享誉中晚唐。令狐楚与许多著名中晚唐诗人关系密切，惺惺相惜。大诗人元稹称令狐楚“一代文宗”，“诗豪”刘禹锡与令狐楚诗文往来多年，称赞他“少有一身兼将相，更能四面占文章”。

令狐楚是李商隐求学生涯中一位重要的人物，他本人是骈体文的专家，对李商隐的才华非常欣赏，不仅教授他骈体文的写作技巧，而且还在生活方面资助他，儿子令狐绹和李商隐也成为好朋友。在令狐楚的帮助下，李商隐的骈体文写作进步非常迅速。开成二年（837），李商隐在令狐楚之子令狐绹鼎力相助下进士及第。李商隐家境贫寒，令狐楚改变了他的命运，他曾作《谢书》

一诗表达对老师的感激之情："微意何曾有一毫，空携笔砚奉龙韬。自蒙半夜传衣后，不羡王祥得佩刀。"言辞恳切，字字真心。

年轻的李商隐初入仕途不久，恩师就去世了，令狐楚的临终遗表是由李商隐写的。后来，王茂元很欣赏李商隐的才华，将自己的女儿许配给了李商隐，李商隐成为王茂元的幕僚。王氏个性温婉，夫妻二人颇为恩爱。但是这桩婚姻却是与令狐绹裂痕的开端。这个时期的大唐，牛李党争成为政治底色，朝纲紊乱，党争不断。令狐楚父子是牛党一派，王茂元是李党一派，时人非议不断，大多认为李商隐承蒙师恩已久，令狐楚尸骨未寒却投入敌营，人品大有问题。李商隐和好友令狐绹的境遇也大相径庭：令狐绹仕途顺利，

而李商隐在牛李党争的夹缝中求生存，辗转于各藩镇当幕僚，郁郁不得志，潦倒终身。

大荐福寺（北苑）
长安百姓的牡丹大赏

大荐福寺（北苑）占地横街以南半坊之地，此地原为唐中宗李显做皇帝前的旧宅英王府。文明元年（684），武则天下诏，唐睿宗李旦为父亲高宗李治死后百日献福，将此地建为寺庙，时名“大献福寺”。武则天天授元年（690）改其名为“大荐福寺”，还用飞白书题写了寺额。中宗继位后，对寺院大加修建装饰，寺院广阔，翠竹成林，古木森然，牡丹成簇，还有一泓放生池，景色优雅禅静。

到了暮春，牡丹花肆意绽放的时候，许多长安权贵、

图为唐代周昉所画的《簪花仕女图》，图中六位衣着艳丽的贵妇及侍女在春夏之交赏花游园，贵妇们头上多有簪花，图中右数第一位贵妇就簪着雍容华贵的牡丹，足见唐人对牡丹的喜爱

百姓会到大荐福寺赏花。唐朝人偏爱牡丹。在当时人们的眼中，牡丹的花朵硕大，端庄、雍容象征着华贵、兴旺、发达，这样大气雍容的花更能诠释大唐时代的精神内涵。每逢暮春时节，牡丹盛开，长安城的居民无论贵贱，人们（多为女性）或头上戴牡丹（簪花）招摇过市，或在屋里插摆着牡丹花，或在庭园里栽牡丹供人观赏，整个长安城就像是一个被牡丹装点的世界，真所谓“唯有牡丹真国色，花开时节动京城”。

在众多品种的牡丹中，唐人以紫色牡丹最为贵重，白色最普通。一方面的原因是紫色牡丹很难培育，另一方面则是唐代的三品以上的大官官服为紫色，白色是未入仕的人穿的颜色，喜爱紫色牡丹想必也是想讨个好彩头。

长安里坊

崇义坊

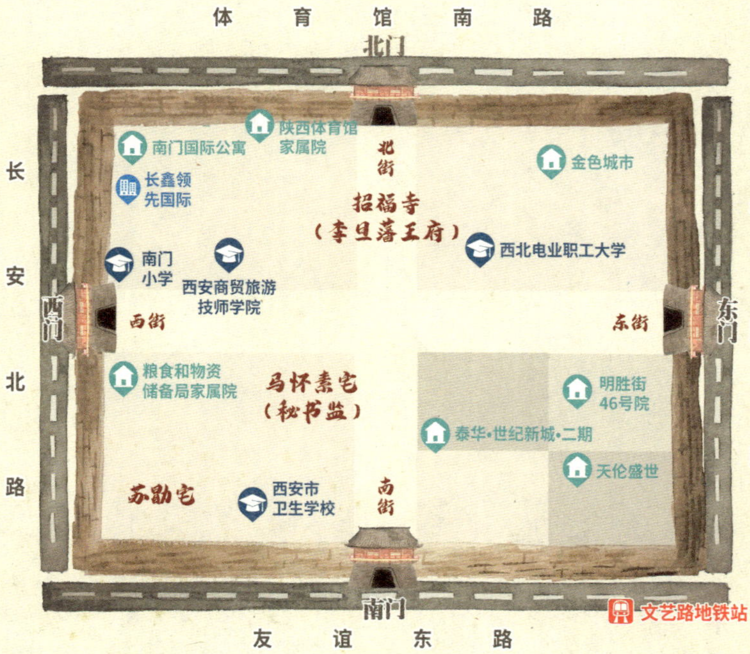

崇义坊是京城的“白菜心”，众多的权贵富商选择在此居住，各自演绎着自己的故事。坊内主要分布有豫王李旦宅、招福寺、窦易直宅、萧胜宅、驸马都尉苏勖宅、崔元暐宅、马怀素宅、韦坚宅、李贺宅等，以及兴元、鄜坊、易定等藩镇进奏院。

豫王李旦

“六位帝皇丸”的自保攻略

崇义坊里有唐睿宗李旦继位前的豫王宅。李旦是唐高宗李治和武则天生的第四子，是唐中宗李显的亲弟弟，也是唐朝的第五位皇帝。他是历史上唯一一位自己是皇帝，父亲、母亲、兄长、侄子、儿子等至亲5人也当过皇帝的传奇帝王，现代人因此戏称他为“六位帝皇丸”。

不仅如此，他还有三次让位的传奇经历，在风云诡谲的政治斗争中，李旦不是一个争强好胜的人，他的智慧都用在了自保上，下面来细数一下他三次让位的经过。

图为睿宗李旦桥陵的鸵鸟浮雕，鸵鸟浮雕一般出现在盛唐以后的陵墓石刻里，该鸵鸟羽毛丰满，双腿矫健。中国不产鸵鸟，中亚各国曾多次赠送鸵鸟给大唐，物以稀为贵，鸵鸟被古人视为吉祥的象征

第一次让位给母亲。嗣圣元年（684），哥哥中宗李显被母亲武则天废黜，李旦被立为新君，成为唐朝第五任皇帝。登基后，母亲武则天临朝称制，他的皇位是有名无实。为了不再步哥哥的后尘，他多次恳求母亲称帝。这次让位很成功，母亲改国号为周，成为中国历史上第一个也是唯一一个女皇帝，而他则被封为皇太子，退居东宫。

第二次让位给哥哥李显。圣历元年（698），母亲武则天称帝的第9年，她终于决定还是由儿子继承自己的皇位，悄悄地把李显从房州召回。这时还是太子的李旦觉察到母亲有意让哥哥成为皇位继承人，便称病不朝，恳请把太子之位让于李显。这次让位也很成功，哥哥李显被立为太子，李旦则被封为相王。

第三次让位给儿子。景龙四年（710），皇兄李显去世，韦后想学武则天称帝。李旦的三子李隆基和妹妹太平公主一起发动了政变，诛杀韦后集团，李旦被拥立为皇帝。太平公主和李隆基都因功获得巨大的权势，他们的夺权之战越演越烈，李旦从中斡旋无果，妹妹太平公主被儿子李隆基逼迫自尽。李旦或许厌倦了家庭里的血雨腥风，他再次主动让位，把皇位传给了儿子李隆基。至此，李旦的第三次让位也宣告完成。

李旦精通书法，擅长文字训诂方面的学问研究，他无心在权力场上浴血厮杀，更不愿意因此骨肉相残，便一直低调自保。这样的低调或有懦弱无能之嫌，但他这样以退为进也换来了他一生相对的太平——他是武则天三儿一女中结局最好的。

李贺

天若有情，“诗鬼”不老

李贺的远祖是唐高祖李渊的叔父，虽然是远支，家道也已中落，但高贵的皇室血统依旧让李贺十分自豪，小时候他常常自比曹植，并以皇室宗亲自名。李贺从小体弱多病，形貌瘦削，再加上他双眉连在一起，手也枯瘦似爪，外形和后人称的“诗鬼”倒颇有相合之处。

李贺写诗的天分极高，7岁那年，他写的诗就引起了韩愈的注意，扬名京城。成名以后的李贺越加刻苦：他成天就背着一个锦囊，骑着一匹瘦马到处走。遇见好书就收入囊中，想到好诗句，也写到纸上收入囊中，晚上回家探囊整理。后世说的“锦囊佳句”就从此而来。李贺熬夜苦作诗，身体愈发不支，母亲心疼他：“儿啊，你哪是在写诗，你是把心都呕出来了呀！”“呕心沥血”的成语也出自李贺。有了这样的天分加努力，还有不俗的身世，科考对李贺而言志在必得，正因为如此，命运向他关上科考大门对他的打击才会那么深刻。

18岁那年，他赴京赶考，却遭遇父丧，回家守孝三年。21岁再去，却连考场门都没有进就永远失去了科考的机会。相传是因为他的年少轻狂。当年元稹写信想结识才华少年李贺，元稹出身一般，只中了明经及第，李贺并不屑与他为伍，出言不逊。元稹备受羞辱，在李贺报名科考时，提出李贺应避父“晋肃”名讳，不得考取进士，将李贺除名。

那时候，文人失去了科考机会，几乎再无飞黄腾达的机会。韩愈对此很惋惜，极力推荐他做了一个从九品的太常寺小官，李贺携家眷来到长安，就住在崇义坊。

血统高贵、年少盛名、才华横溢，这些耀眼的优点或许让李贺认为他应该封侯拜相，报效大唐，成就一番功名，何至于不能参加科举，只能做一个从九品小官啊！朝堂上皇帝无为、宦官专权，朝堂外藩镇割据，自己空有一身才华，却升迁无望。他目睹了朝廷弊病、民间疾苦，却无力与时代和命运抗衡。理想和现实的鸿沟难以跨越，他便将情感都抒发在自己的诗里，因此他的诗多带有现实主义的愤懑、幽怨色彩。惴惴不安、郁郁寡欢，李贺日渐憔悴。后来他的妻子病死了，他更是跌落谷底。或许因为实在没有找到精神的出路，他的诗开始出现神鬼的身影，用绮丽的想象描绘嫦娥、王母，神仙鬼界，诗歌脱离了现实，鬼魅奇绝，最知名的《李凭箜篌引》就是此类代表作。这才是后人称他为“诗鬼”的真正原因。

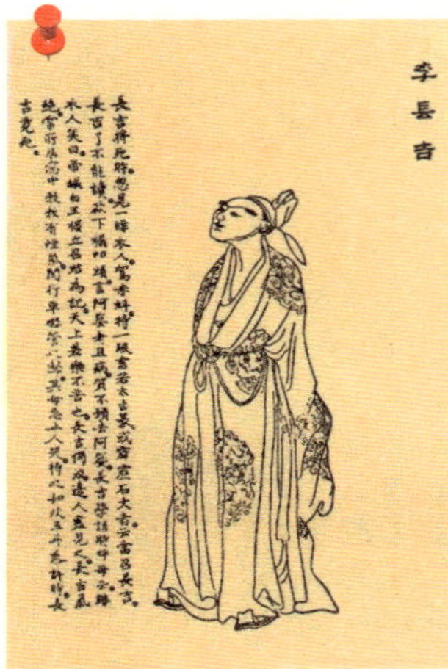

『诗鬼』李贺，画中他的确眉毛是连在一起的

在长安3年后，李贺似乎想通了，写下豪情的诗句“男儿何不带吴钩，收取关山五十州”后，他毅然辞去职务，决定投戎报国。无奈，那时已然不是盛唐，他参军的军队出师不利，很快就解散了。他是彻底走投无路了。文武皆无路，李贺似乎彻底被命运拉黑了，愈发心焦体弱，最终病死在昌谷故居，时年仅27岁。

后人对李贺“天若有情天亦老”“黑云压城城欲摧”“雄鸡一声天下白”等千古绝唱百读不厌，若知其英才早逝、愤愤不得志的生平，或许会向天祈望：天若有情，“诗鬼”不老。

长安里坊

第七章

兴化坊 丰乐坊 安仁坊 长兴坊

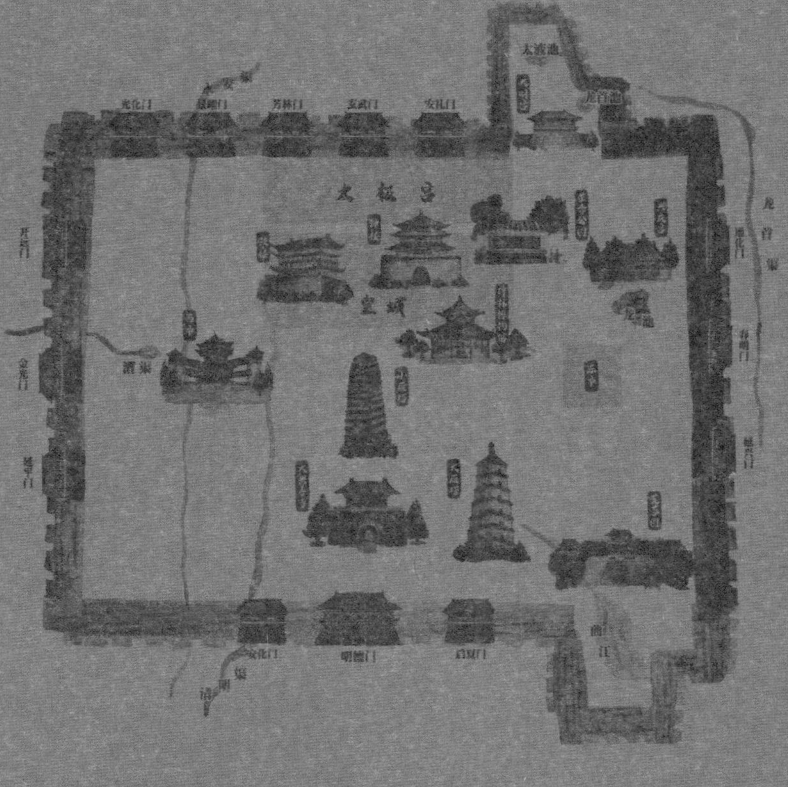

长安里坊

兴化坊

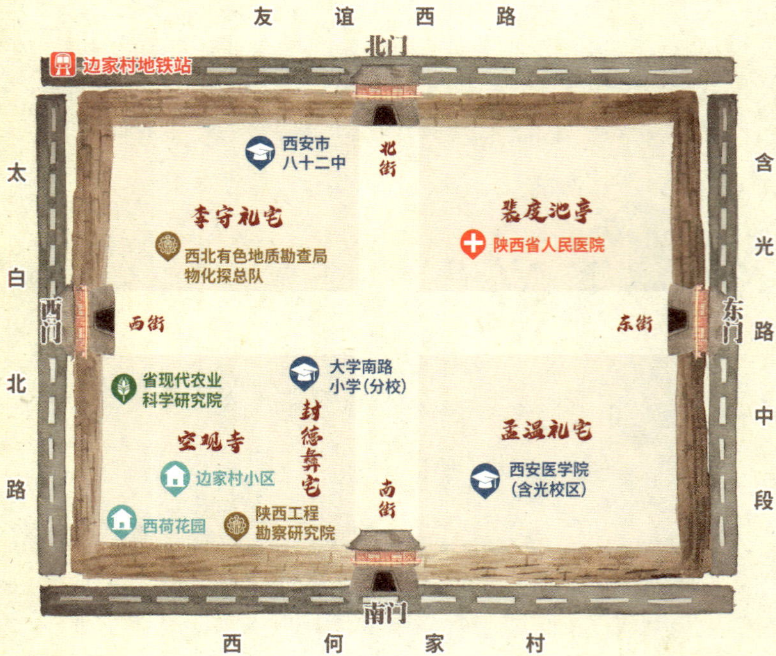

兴化坊正在今何家村一带，1970年出土的何家村唐代遗宝珍贵精美，部分珍品是全球范围内的孤品。何家村遗宝的主人是谁至今尚无定论，但是毫无疑问，应该和兴化坊里住过的权贵有关。坊内主要分布有空观寺和尚书右仆射封德彝宅、邠王李守礼宅、京兆尹孟温礼宅、租庸使刘震宅、晋国公裴度池亭、都官郎中窦皋宅、长安主簿李少安宅、职方郎中萧彻宅。

封德彝

一生善变如蜥蜴

封德彝，本名封伦，字德彝，北齐太子太保封隆之之孙，隋朝通州刺史封子绣之子。在隋、唐两朝政权倾轧之际，他如同一只会变色的蜥蜴，用自己的才华和过人的善变能力在乱世里左右逢源，每每都能获得最高统治者信任，后来还成为唐太宗李世民信任的宰相。他极其善于伪装，他的真面目直到死后才被揭露出来，太宗改谥号“缪”来形容他，缪是恶谥，意为“言名美而实伤”。

隋开皇年间，封德彝依附于越国公杨素，被擢升为内史舍人。大业年间，内史侍郎虞世基总揽政务，封德彝又依附虞世基，为他出谋划策，让他谄媚奉承皇帝、扣押违背圣意的奏章，并抑制贤能。后来宇文化及发动政变，弑杀隋炀帝，还派了封德彝去细数隋炀帝的罪过。武德二年（619），宇文化及兵败被杀，封德彝遂又转身投降唐朝。封德彝素有揣摩之才，善于识人识势，料事很准，善于两面结缘。他一面给当时还是秦王的李世民进献效忠之策，一面暗中依附太子李建成，以保证自己在皇位争夺战中立于不败之地。这些事他做得非常隐秘，直到他死后多年，才被唐太宗李世民得知。李世民大怒，遂剥夺封德彝的司空之职，削除所封食邑，改谥号为“缪”。

坊间揭秘

何家村遗宝的主人到底谁？

1970年10月何家村出土大唐窖藏，震惊了中国考古界，这次发现共出土文物1000多件，包括各种金银器、银铤、银板、银饼、中外钱币、宝玉珍饰和贵重药材等，其中金银器物达265件，是唐代金银器的一次空前大发现，被称为何家村唐代窖藏。它的主人是谁呢？至今说法不一。

一说是唐邠王李守礼。郭沫若在《出土文物二三事》中考证，这批文物为天宝十五载（756）六月，唐玄宗李隆基在安禄山之乱逃奔四川时邠王李守礼后人所窖藏。唐邠王李守礼，是高宗李治的孙子，章怀太子的次子，死后以亲王身份陪葬乾陵。他是兴化坊内地位最尊贵的人，在地位上与何家村出土的珍宝最相配。

一说是唐代租庸使刘震。陕西历史博物馆和北京大学的学者根据出土的银铤、银饼、银板上面留有的文字中展示的年号、地区、赋役种类和4枚庸调银饼，认为何家村窖藏的主人是唐代租庸使刘震。因为租庸使的职责之一就是保管朝廷的财物，也就是说这些珍宝，是收缴上来的庸调及宫廷珍宝，不是个人财产。并推测是泾原兵变时，唐德宗仓皇逃离京城，刘震私埋宝物于地下。

图为西安何家村窖藏出土的鎏金双狐纹双桃形银盘，造型极其精美别致，是盛唐时期的器物。银盘构图方式采用了粟特的艺术手法，素材桃、狐的选用是中国化的。桃是中国原产水果，被称为“五行之精”，具有“压服邪气”的作用；唐初民间就多崇拜狐神，祭祀以乞恩。现藏于陕西历史博物馆

长安里坊

丰乐坊

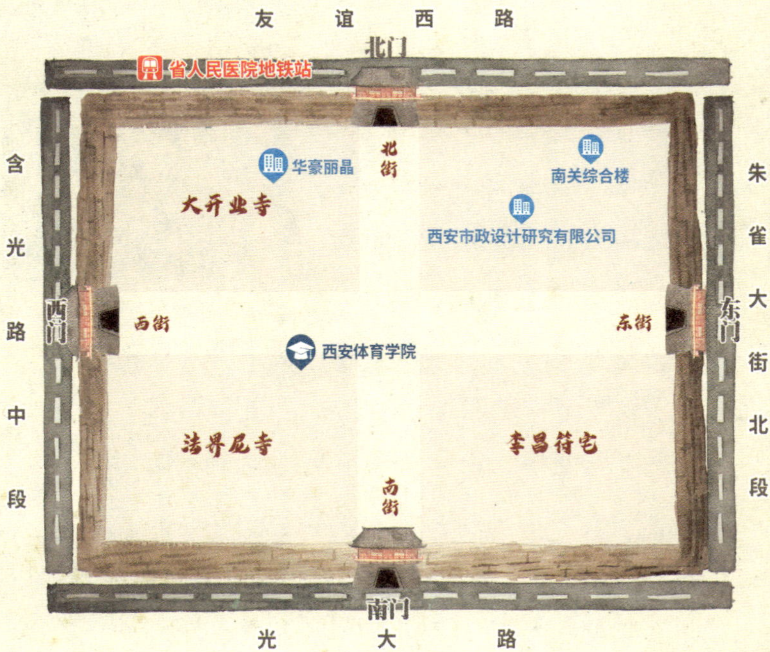

晚唐时期有两位李昌符，一位是军阀，一位是才子。军阀李昌符曾统治凤翔，反叛后被杀。才子李昌符就住在丰乐坊，独辟蹊径写《婢仆》诗五十首为人所知。丰乐坊还有法界尼寺、大开业寺。

大开业寺

命途多舛的佛寺

唐代《引路菩萨图》局部

大开业寺，始于隋朝，后来一度更名迁址，可谓一座命途多舛的佛寺。大开业寺原本是隋时的胜光寺，为隋文帝四子蜀王杨秀所建。隋大业元年（605），胜光寺从光德坊迁到丰乐坊，改建为隋文帝别庙仙都宫。武德元年（618），唐高祖废了仙都宫，为了供养尼姑明照，改设为证果尼寺。贞观九年（635），这里又置静安宫，成为唐高祖别庙。仪凤二年（677），废置静安宫，始称开业寺。《宣室志》记载，至德二载（757），开业寺里出现了神人，足迹特别长，从寺庙门外延至佛殿。开业寺当时也保存了不少大师画作，如曹仲达、李雅、杨契丹、郑法士的画作。

李昌符

恍若一梦的李若梦

李昌符，字若梦，晚唐时期诗人，就住在幽静的丰图为章怀太子墓壁画《观鸟扑蝉图》，图中三名侍女处于悠闲的状态，有观鸟的，有扑蝉的，还有树下沉思的，试想如果让李昌符看见了，会不会被写入诗中，揭露她们偷懒呢？

乐坊中，他的人生如名字，恍若一梦。

李昌符擅长作诗，诗作在当时小有名气，但多次参加科举考试都不中进士，宅子里积攒了许多诗文，也懒得收拾。咸通四年（863）的一天，他突发奇想，作出《婢仆》诗五十首，内容是揭露奴婢、仆人们的隐私，如顺主人家东西、偷喝茶等，作成以后给公卿、文人们传看。其间有诗云："春娘爱上酒家楼，不怕迟归总不留。推道那家娘子卧，且留教住待梳头。"又云："不论秋菊与春花，个个能噇空肚茶。无事莫教频入库，一名闲物要些些。"这些诗作不算上乘，却引发人们猎奇兴趣，在长安城中盛传。被戳到痛处的老妪和婢仆们都在咒骂他，个个恨不得要打他的耳光。李昌符因此名声大噪，就在这一年他春风得意进士及第，后来做过尚书郎、膳部员外郎。他做官以后，行文依旧轻薄，甚至妨碍了政务，很快遭到御史弹劾，谪官终身。

长安里坊

安仁坊

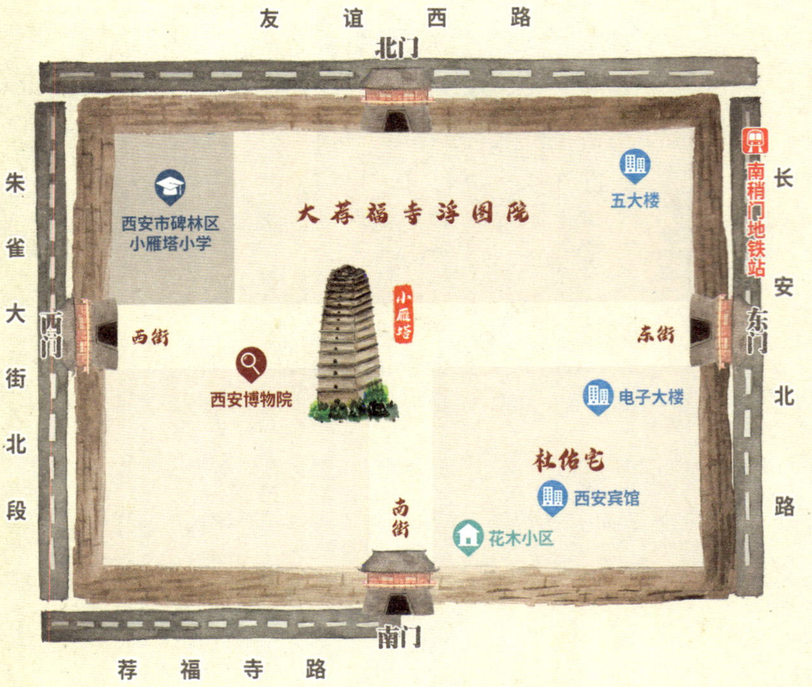

安仁坊坊内靠北的半坊之地都是大荐福寺浮图院，而里坊东南角则住过唐代很多名人，如刘延景、万春公主、元载、元稹、张孝忠、崔造、杜佑等。

大荐福寺浮图院

取经人可不止玄奘

安仁坊里的大荐福寺浮图院，在今天的西安博物院一带。院内的荐福寺佛塔，修建于唐代景龙年间（707－710），塔身为密檐式方形砖结构，初建时为15级，因为塔身比大雁塔小，故称“小雁塔”。明代关中大地震，小雁塔塔顶被震坍，塔身破裂，剩下13级，是目前保存下来为数不多的唐代建筑遗产之一。

大雁塔是当年玄奘法师从天竺国取经回来后的藏经、译经的场所，而小雁塔则承载着与大雁塔相似的历史使命，它是唐代另一位取经的三藏法师——义净大师翻译佛经的场所。咸亨二年（671），义净大师从海上丝绸之路前往天竺，留学那烂陀寺11年，求得

手绘小雁塔

梵本三藏近 400 部，于武则天称帝时期的证圣元年（695）回国。他抵达洛阳时，武则天亲自迎接了他。义净法师回国后，把自己的生命全都投入到翻译佛经、弘扬佛法的事业中去，共译经、律、论 61 部 239 卷，与鸠摩罗什、真谛、玄奘并称四大译经家。玄宗先天二年（713），他在大荐福寺翻经院中去世，享年 79 岁。

义净大师

明代时，这里成为武举考试的场所，与西安城内的贡院（今儿童公园）的文举考场一文一武遥相呼应。到了清代，每天清晨大荐福寺内的僧人会定时敲钟，悠扬的钟声响彻西安城上空，数十里内都可听到，别有一番韵味，“雁塔晨钟”也因此被列为“关中八景”之一。

坊间打卡

打卡小雁塔，撞一回 800 岁晨钟

“枕上一声残梦醒，千秋胜迹总苍茫。”清代诗人朱集义被大荐福寺的晨钟声打断了残梦，起身写下这句诗。诗句流传至今，向后人传递着千年古寺钟声的无限苍茫。雁塔晨钟铸于金明昌三年(1192)，有8000千克重。后因战乱一度流失，直至清康熙年间被洗衣民妇发现，移至大荐福寺。如今，已过去了800余年的光阴。桑田沧海，未容弹指，晨钟依旧在，要不要来撞一回？

800多岁的雁塔晨钟

元稹

情场浪子元稹

安仁坊中部，曾经居住着唐朝著名的文学家、诗人元稹。元稹是北魏宗室鲜卑族拓跋部后裔，家族世代为官。元稹天资聪颖、勤奋好学，15岁以明经科擢第，25岁授秘书省校书郎。

元稹诗文堪称一绝，时任京兆尹的韦夏卿很赏识他的才华，把自己最偏爱的小女儿韦丛嫁给了他，成就了一桩美满的婚姻。这桩婚姻为元稹带来爱情和功名的双丰收：他与韦丛琴瑟和鸣，婚姻7年共同抚育了6个儿女；在岳父的支持下，元稹官运亨通，还曾一度升为宰相，虽然后来被流放，但至少在官场上有过辉煌。他的爱妻韦丛在婚后第7年离世，元稹悲痛万分，挥笔写就悼亡诗中的千古绝唱——《离思》：“曾经沧海难为水，除却巫山不是云。取次花丛懒回顾，半缘修道半缘君。”

这首诗情真意切，读之令人神伤。诗的后两句（说他除韦丛之外，再没有能使他动情的女子）所言却不完全属实，因为韦丛并不是他人生中唯一的爱人——他之后又有不少红颜知己，如薛涛、刘采春等。元稹每次恋爱都会写诗给对方，如《寄赠薛涛》《赠刘采春》等，极尽赞美人家的美貌、气质、才华，表达自己的蚀骨相思。这位情场浪子还有一段始乱终弃的初恋故事一直流传至今。

原来，元稹娶韦丛之前，曾借住母亲表亲崔家，在当地任小职。他与美貌动人、艳丽绰约的表妹崔双文一见钟情，私会于西厢下，过了一段“方喜千年会”“缱绻意难终”的美好光阴。表妹虽才貌双全、家境优渥，但毕竟无权无势，这与元稹理想中的婚姻存在很大距离，就此离开崔双文。也许是对初恋的难以忘怀，多年以后，元稹以崔双文为原型，创作了传奇小说《莺莺传》，后来又被元代剧作家王实甫改写为《西厢记》。

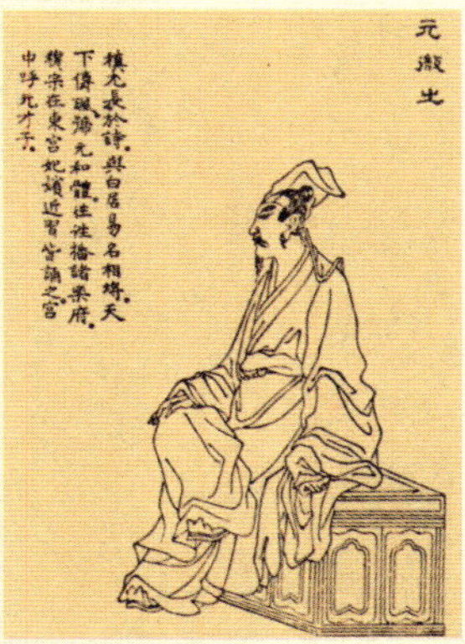

元稹

长安里坊

长兴坊

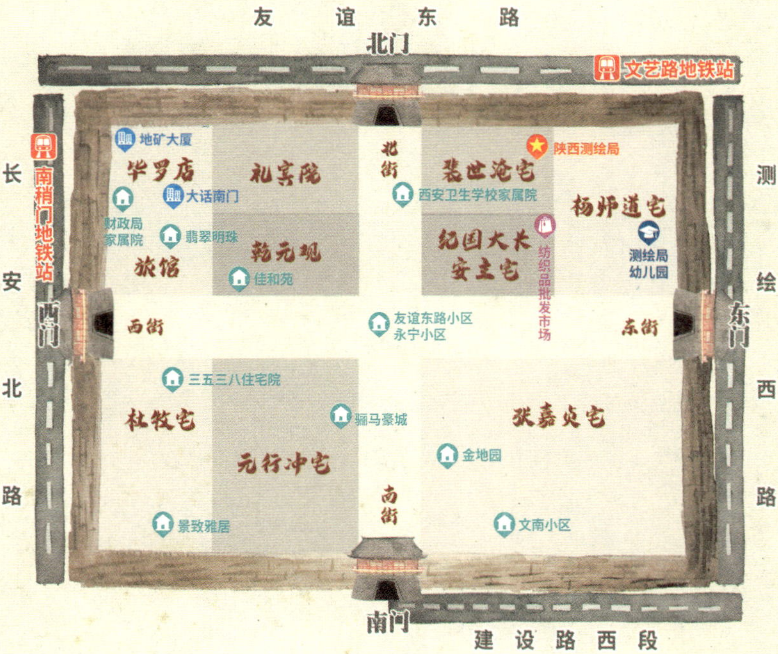

长兴坊是异常热闹的，坊内有礼接外宾的礼宾院，常常出入着来唐觐见学习的异域、外国友人；还有一处风靡长安的小吃店——毕罗店，不少皇亲贵胄都很喜欢毕罗点心。坊内先后居住过不少皇亲名臣，如纪国大长公主、汉阳大长公主、驸马都尉郑颢、驸马都尉于琮、大将军房仁裕、侍中杨师道、中书令张嘉贞、太子宾客元行冲、杜牧等。

礼宾院

大唐外交分部

图为三彩胡人牵骆驼俑。胡人是古代汉人对西北少数民族以及对部分中亚、西亚等国家人民的统称。丝绸之路在唐代十分繁荣，不少外国使者、商人都用骆驼运送大批贡品、商品来长安

大唐帝国的富足与强盛吸引了众多番邦属国的归附，各属国纷纷派遣使者和留学生前来觐见、学习，甚至还有不少提出“和亲”的请求。民间商贸交易也愈加频繁，异域商旅往来不断，一方面把中国的瓷器、茶叶、丝绸、纸张带到中亚和欧洲，一方面又把香料、药材、文化等带到长安。这就使得当时负责外交的礼宾司（鸿胪寺）应接不暇，于是朝廷将接待工作分工细化。从《旧唐书·宪宗本纪》得知，元和九年（814），宪宗在长兴坊之北设立了礼宾院，负责接待宴请和慰劳少数民族政权或外邦使者。

此外，礼宾院也会派遣一些官员向刚刚到达长安的使臣了解其国的山川、风土状况，然后再根据使臣提供的素材绘制成地图，作为唐朝对外政治、军事决策的重要依据。

毕罗店

太平公主钟爱的网红小吃店

唐时，长兴坊有一家胡人开的毕罗店风靡京城。“毕罗”是从西域（一说为波斯）传入的一种包有馅的面制点心。毕罗制作的方法多种多样，味道也会分成甜、咸两种，主要有蟹黄馅、樱桃馅、苦荬馅和天花馅等。唐刘恂的《岭表录异》就描述了味美可口的蟹黄馅毕罗：“赤蟹，母壳内黄赤膏，如鸡鸭子黄，肉白如豕膏，实其壳中。淋以五味，蒙以细面，为蟹毕罗，珍美可尚。”

图为新疆阿斯塔那古墓出土的唐代面食点心，因新疆气候干燥，风干的面点陪葬能完整地保留下来，图中有饺子、馕，还有油炸酥脆的卷状、环状面食，不过似乎没有毕罗，也或许离长安太远，这里的百姓改造了毕罗的做法和形态

《酉阳杂俎》里也有不少关于毕罗的记载。唐时有个明经就爱吃毕罗，曾经做了个梦邀请客人去自己常去的长兴坊毕罗店吃点心，醒来店小二竟然找他讨要二斤毕罗点心钱，传为奇谈。当时，唐朝人钟爱毕罗，可以说是家喻户晓，如果在长安的街头随便走走，十家店里估计有一半，都是卖各色毕罗的店铺，尤以长兴坊最为著名。其中樱桃馅毕罗更是把毕罗饼皮做成半透明的粉色，蒸熟后樱桃颜色不变，外形也是粉嫩嫩的，成为太平公主与当时女性食客的最爱。其位置大致在今大话南门小区一带。

到了宋代，毕罗发展为食疗点心，出现了猪肝馅、羊肾馅、羊肝馅的药物毕罗。

杜牧

真性情的杜十三

杜牧，字牧之，号樊川居士，是陕西西安人，晚唐杰出的诗人、散文家，和李商隐并称“小李杜”。他是宰相杜佑之孙，杜从郁之子，在家族中排行十三，也被称为“杜十三”。杜牧的童年时期家族鼎盛，他在长安住着大宅子，受了良好的教育，也有富足的生活。他尚未长到受恩荫的年纪，祖父杜佑和父亲相继去世，家族逐渐走下坡路。虽然生活逐渐落魄，杜牧和弟弟杜颉依旧努力读书，立志自己挣取功名。少年时期的杜牧是有远大政治抱负的，除了博通经史，他也热衷于研究军事和政治，注解《孙子兵法》，关注晚唐重要的藩镇割据问题，写过很多策论。23岁之时，千古名篇《阿房宫赋》横空出世，杜牧彻底成名。26岁，杜牧考中进士，从此踏入仕途。晚唐的朝局，党争频仍，宦官当权，藩镇割据，危机重重，杜牧宦海浮沉20余年，没有太大的政治成就，直到生命最后一年才成为中书舍人，住在与祖父老宅一街之隔的长兴坊。

图为武汉孔庙『问津书院』里供奉的杜牧像。杜牧曾经在黄州任职三年，他爱民如子，兴除利弊，还扩建孔庙，也就是现在的『问津书院』，设置了学堂，自己经常在学堂教学

杜牧，除了是后人熟知的才华横溢、诗文隽永的诗人以外，还是一个性情刚直、不屑逢迎的直臣，一个立志报国、爱惜百姓的好官，一个不拘小节、风流倜傥的公子。这么多形象中，最根本的底色，应该是他的

真性情。他是真心对待家人的：弟弟体弱多病，他曾一次直接弃官照顾，一次放弃升迁上任的机会；他是真诚看待自己，不伪饰的：在扬州做官期间，他流连于烟花酒巷、声色粉黛之间，风流放荡，这段经历给他留下不少污点，影响了仕途，但他还是大方承认自己“十年一觉扬州梦，赢得青楼薄幸名”，何等坦荡；他是遵从真心，不为功名逢迎的：牛李党争期间，他曾给牛党领导人做过手下，颇受信任，李党领导人也很欣赏他的军事才华，采用过他的计谋，但是他不违心背叛曾经领导，不趋附后来的贵人，最终被排挤，他也认了。

或许这份真性情带来的最大收获，就是真心写下的诗文最具有感人的力量，除了才华，那份真诚穿越千年，亘古流芳。豪迈便是雄心壮志的豪迈：“江东子弟多才俊，卷土重来未可知”；香艳便是魂思彻骨的香艳：“二十四桥明月夜，玉人何处教吹箫”；惆怅便是百转千回的惆怅：“聚散竟无形，回肠自结成”；感慨则是凌厉清醒的感慨：“商女不知亡国恨，隔江犹唱后庭花”；自嘲也是不加掩饰的自嘲：“老僧都未知名姓，始觉空门气味长。”

即便潇洒如杜牧，也会心有不甘，他的堂兄杜悰官

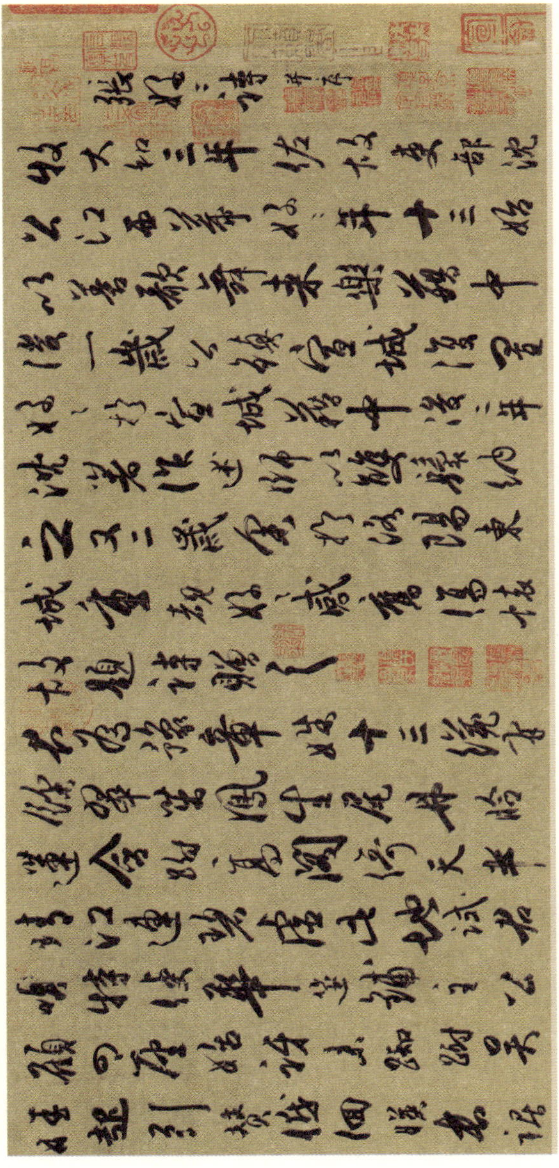

《张好好诗》是杜牧仅存的书诗墨迹。张好好是一位才华卓越但一生遭遇坎坷的歌妓，杜牧借此表达自己人生的不如意。全篇书法笔势放纵，风格雄健，很有魏、晋书法的古朴风骨

运亨通，盛极一时，他在官场却无甚作为，心常不乐。大限将至之时，他撰墓志铭，写得却是平实无奇。墓志铭写就，杜牧闭门在家，搜罗生前文章，对火焚之，仅吩咐留下十之二三，逝世时，年仅 50 岁。

长安里坊

第八章

崇德坊 安业坊
光福坊 永乐坊

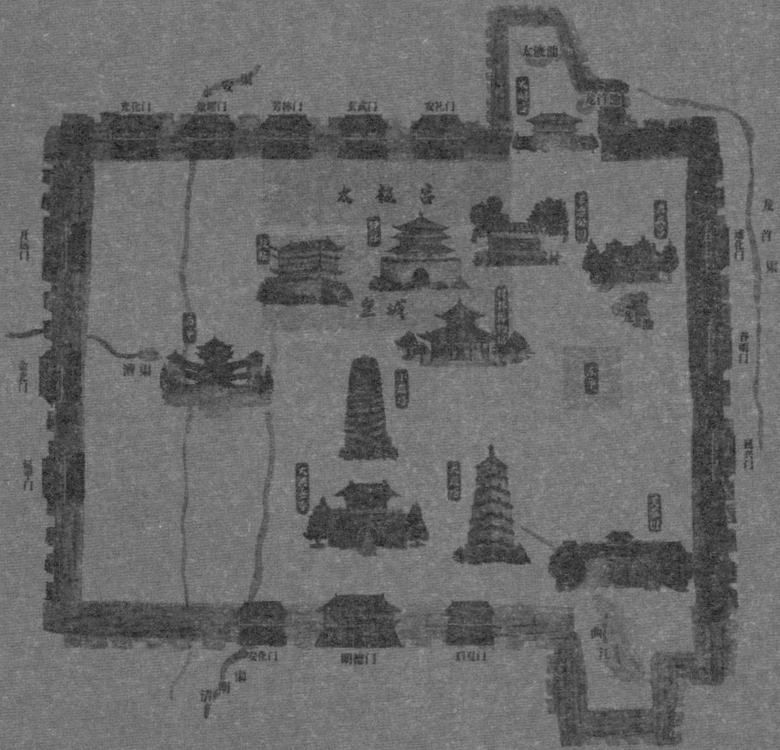

长安里坊

崇德坊

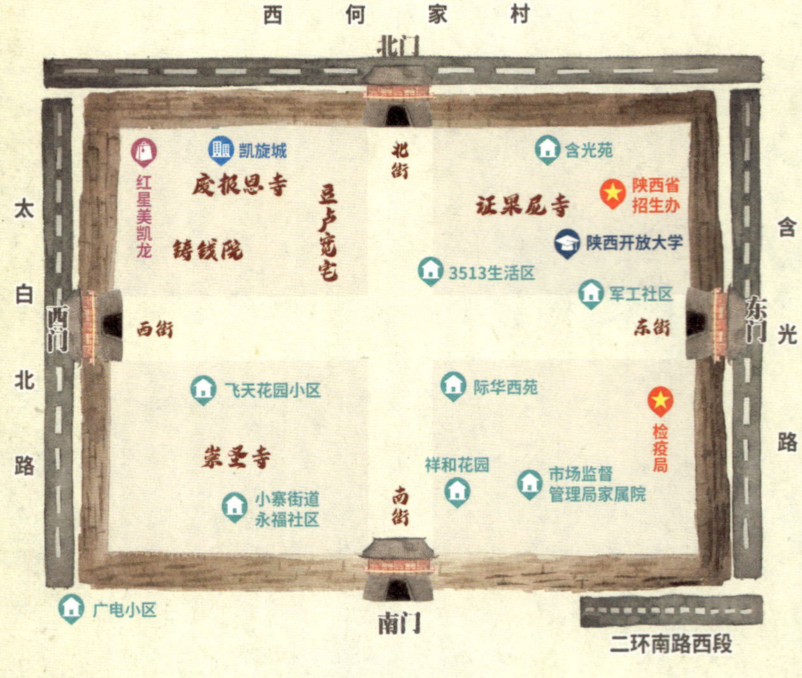

崇德坊在隋代名为弘德坊，唐中宗神龙年间改为崇德坊。崇德坊内分布有崇圣寺、证果尼寺、废报恩寺、铸钱院以及芮国公豆卢宽宅、朝散大夫周渭宅、司勋员外郎窦巩宅、诗人罗隐宅。刘禹锡曾经写过一首诗描写窦巩宅：“长爱街西风景闲，到君居处暂开颜。清光门外一渠水，秋色墙头数点山。疏种碧松通月朗，多栽红药待春还。莫言堆案无余地，认得诗人在此间。”

崇圣寺

新科进士“樱桃宴”

崇圣寺原是隋秦王杨俊的宅邸，后在此建“济度尼寺”，即后来的道德尼寺。《辇下岁时记》记载，这里的佛牙阁曾经举行过进士的“樱桃宴”。

樱桃，古代也叫“含桃”。在北方地区，樱桃是一年中最早成熟的水果之一，被称为“初春第一果”。每年樱桃季到来的时候，朝廷除了用它来供奉祖先外，皇帝还会带着大臣在皇家樱桃园里采摘游玩并专门开宴席品尝。皇帝会赏赐近臣樱桃，受赏的大臣要隆重地写诗做文章答谢皇帝，夸耀自己有面子，当时王维、韩愈、白居易等人都曾有幸受过这样的待遇。

相传，天子妃嫔招待高官大臣吃樱桃时，要把洗干净的鲜果一颗颗摆在“琉璃”盘子里，让那鲜红欲滴的颜色透过晶莹容器散发出美不胜收的光芒。旁边还要再放一小碟糖蒸酥酪，让大家就着樱桃吃，酸甜的果肉与醇厚的奶香融合在一起，在口腔里激荡出悠长回味。

樱桃成熟的时候，也恰逢新科进士放榜的时间，于是新进士们也会效仿皇室权贵聚在一起办“樱桃宴”，文人墨客竞相参加，把尝到“樱桃宴”的一口樱桃视为

图为法门寺地宫出土的唐代八瓣团花纹蓝琉璃盘，质地光洁，蓝色透明，是阿拉伯帝国产的伊斯兰琉璃，属于琉璃中的精品，现藏于法门寺博物馆

殊荣，寓意着未来前途远大。

说是宴席，其实每人能享受一小碟已经不错了。虽然长安本地可以出产樱桃，但大多集中种植在皇家御苑的樱桃园和周边不多的一些果园里，且每年产量有限，在当时樱桃非常贵，所以谁家请客能弄些樱桃来，那是很让人惊叹的。

罗隐

颜值与才华不匹配的孤愤诗人

罗隐，如“隐”字一样，名字不多为后人所知。但他写的名句“今朝有酒今朝醉，明日愁来明日愁”“采得百花成蜜后，为谁辛苦为谁甜？”脍炙人口，妇孺皆知。

罗隐生于动荡的晚唐，钱塘人。幼年丧父，年少就英敏过人，才华横溢，却连考十几次不中进士，史上戏称他“十上不第”。相传，这其中有很多原因：一是他恃才傲物，经常写诗讽刺现实，被公卿所厌恶；二是他长相丑陋，在古代有面相学的说法，面相可以识别一个人的前途、善恶、福气等，过于丑陋就会被科举面试官所淘汰。

罗隐像

罗隐屡试不第，以诗投宰相郑畋以求赏识。郑畋的女儿是罗隐的“粉丝”，非常喜爱罗隐的诗作，甚至还心生爱慕想嫁给罗隐。郑畋便有意安排罗隐来到家里，让女儿放下门帘在后面偷看罗隐，以满足女儿对偶像的仰慕之情。这次隔帘观察的结果，如同网恋的“见光死”一样，从此以后，郑小姐就不再读罗隐的诗了，更不要说想要嫁给他这一回事了。

罗隐大半生都在不如意中度过，中间因为黄巢起义隐居避难。山河破碎，才华难以施展，罗隐心中一直孤愤难抑，便写作谐谑时世，批判社会现实，也在找寻救国出路，著有《谗书》《两同书》和诗集《甲乙集》等。

50多岁以后，罗隐终于放弃了科举考试，投奔了自己的同乡钱镠。当时杭州刺史钱镠势力渐盛，他献上自己的诗集。钱镠很赏识他的才华，先后任命罗隐为掌书记、节度判官等职，让他整日在身边帮助处理政务。罗隐的晚年还是过得比较如意，只是年轻时宏大的政治抱负未能实现。

《唐才子传》中评价罗隐虽有才华，但为人偏狭，急于求成，动必嘲讪，冲动时草率而作的戏谑讥讽诗作很快在民间流传，造成很多不好的影响。因德性不厚，故难成一番大事业。

长安里坊

安业坊

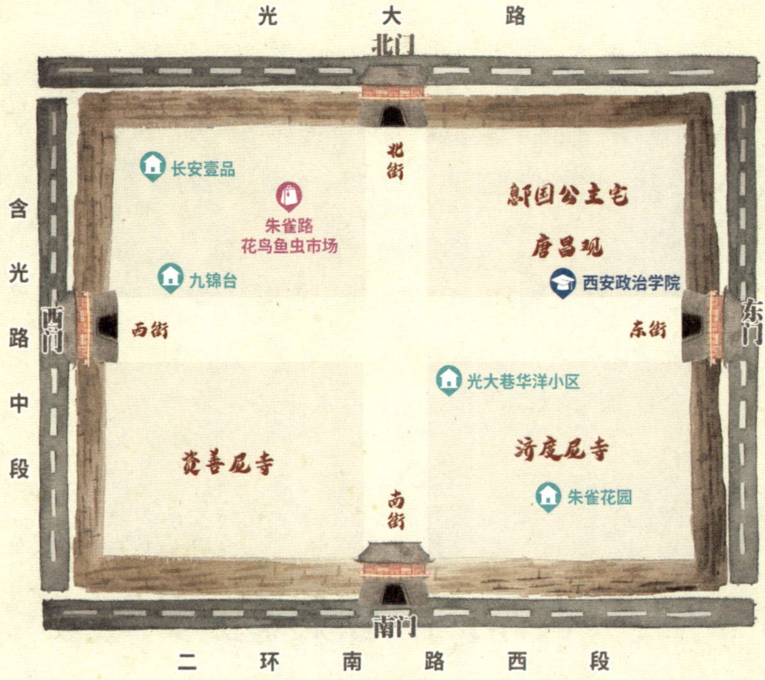

安业坊的西南角是资善尼寺，东南角是济度尼寺，横街之北坐落着睿宗郎国公主宅，南部是唐昌观，坊内还有京兆尹张去奢、归诚郡王程怀直的宅邸。

唐昌观

大婚在即换驸马，唐昌公主了尘缘

唐昌观原是唐昌公主的住宅。唐昌公主是唐玄宗李隆基第四个女儿，原定是嫁给宰相张说的儿子，婚礼在即新娘被临时改成了她的八妹宁亲公主。唐昌公主后来嫁给自己姑姑鄎国公主的儿子薛锈，婚礼原本计划在紫宸殿举行，因遭到朝臣反对，玄宗就改定婚礼在光顺门外举行。

薛锈的妹妹是太子李瑛的正妃。武惠妃得宠后，想废掉李瑛，改立自己的儿子李瑁为太子，就和自己的女婿杨洄诬陷李瑛与薛锈等人图谋不轨，于是薛锈被赐死。

唐昌公主几经婚姻波折后身心疲惫，决定在坊内出家为女冠，道观由此得名唐昌观。唐昌公主很爱花，在唐昌观亲手种植了许多玉蕊花树，每到春天，唐昌观玉蕊盛开，犹如仙境，后来唐昌观成为长安城的赏花胜地。唐代诗人司空曙在唐昌观赏花还作《唐昌公主院看花》一诗感慨："遗殿空长闭，乘鸾自不回。至今荒草上，寥落旧花开。"

坊间奇闻

玉蕊花开动京城，异香引得仙客来

据《最新增订唐两京城坊考》记载，唐时，玉蕊花为长安的珍罕之花。玉蕊花朵带粉色或黄色，四瓣儿，细长花蕊，随风飘逸，盛开时节如仙界的琼林玉树。今产于海南和台湾

唐朝笔记小说《剧谈录》记载了一个唐昌观赏花的奇闻。唐宪宗元和中有一年春，玉蕊花开正盛，有个女子来到树下赏花。她十七八岁，穿着绿色绣花衣裳，双髻低垂，没戴簪珥一类的首饰，面容和顺，美貌出众。跟随她的两个女道士和三个小仆人，穿着黄衫，个个都很端庄秀丽。

女郎用白角扇遮住面容，直接走到花树之下，这时突然异香浓郁，一直能传到几十步以外，也不知是花香，还是女郎身上的香味。其他赏花的人怀疑她们可能来自宫廷，所以没有人敢靠近她们，都在远处偷看。

女郎伫立了很久，若有所思，最后令女仆摘了几枝花就离开了。将要上马的时候，女郎回头对摘花的女仆说："昔年曾有玉峰之约，咱们就从这里前往吧。"

当时赏花的人呆住了一样，远远地观看她们，人

人神思恍然，如醉如痴，四周景物都好像放射出光彩。女郎上马刚走出一百多步，一股清风吹起尘土，遮挡住了她们的身影。等尘土消散了，人们才如梦方醒，有眼尖的人远远望见，她们已经在半空中了。大家都说这是神仙出游，纷纷跪地叩拜不止。仙女所留下的余香经久不散。

那天，赏花人中有一个曾做过宫女的人说，仙女的面容和宫中唐昌公主的画像非常神似。从此，唐昌观玉蕊花下便有游仙之说，并传遍长安。

长安里坊

光福坊

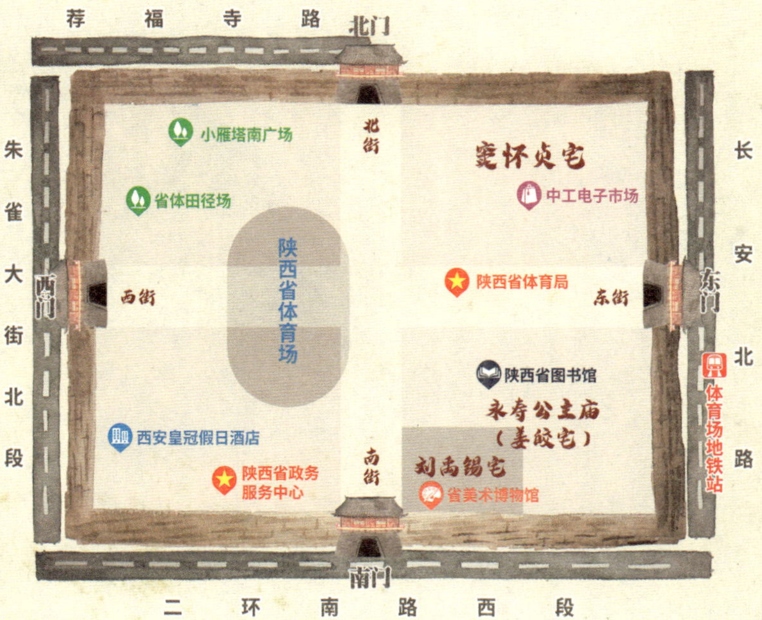

“何处风光最可怜？妓堂阶下砌台前。轩车拥路光照地，丝管入门声沸天。绿蕙不香饶桂酒，红樱无色让花钿。野人不敢求他事，唯借泉声伴醉眠。”这是白居易造访光福坊周皓宅写下的《宴周皓大夫光福宅》诗，诗文描绘出光福坊一幅觥筹交错、莺歌燕舞的华丽场景。光福坊里面居住着当时的一些权贵，既有李泌、刘禹锡等知名的文人墨客，也住着像姜皎与窦怀贞这样的政坛敌手，留下了许多逸闻轶事。

永寿公主 & 姜皎

可怜公主和画鹰大师

光福坊的东南角是永寿公主庙。永寿公主，唐中宗李显与韦皇后的二女儿，虽说生在帝王之家，命运却很悲惨。为了帝位之争，她奶奶武则天把她父亲李显先后贬到了偏远的均州（今湖北丹江口）、房州（今湖北房县）软禁起来，一共十四年之久。永寿公主一家人在软禁过程中饱受恐惧的折磨，她年纪轻轻便死于房州。她父亲李显复位后，在光福坊修建永寿公主庙作为纪念。

姜皎的画作已经失传，图为元代画家徐泽的传世作品《架上鹰图》，此鹰被束住双脚，但眼神凌厉，鸟中之王的气势从静态图中喷薄欲出。杜甫的诗说姜皎画的鹰捉燕雀的样子杀气森森，推想应该比这幅鹰图气势更强

中宗李显死后，睿宗李旦继位，景云年间，永寿公主庙就被废除了，土地被赐给楚国公姜皎为宅。后来姜皎在庙的北面修建了鞠场，巧的是，这片鞠场之地正好是现在陕西省体育局一带。

姜皎是盛唐时期的著名画家，尤擅画鹰，诗圣杜甫看到他画就的鹰双目炯炯，气势逼人，真鹰都要避让三分，叹为观止，专门为其赋诗一首——《姜楚公画角鹰歌》："楚公画鹰鹰戴角，杀气森森到幽朔。观者贪愁掣臂飞，画师不是无心学。此鹰写真在左绵，却嗟真骨遂虚传。梁间燕雀休惊怕，亦未抟空上九天。"

窦怀贞

娶了皇后老乳母的宰相

在永寿公主庙以北隔街，是窦怀贞的宅子。窦怀贞是唐朝政治圈里的名人，曾一度官至宰相，他最为传奇的逸闻就是他娶了皇后的老乳母为妻，时人因此讥讽地称他为"国奢"，"奢"音同"遮"。

据《资治通鉴》记载，景龙二年（708）除夕，唐中宗李显夜宴群臣。当时的窦怀贞任御史大夫，在宴请名单之列。席间，中宗对窦怀贞说道："听说你夫人去世已久，除夕是个好日子，朕为你选了个新夫人。"窦怀贞一听，忙拜谢不止。这时，有内侍举着烛台、锦帐、宫扇等一应新婚礼器从西廊走出，宫扇的后面果真站着一个新嫁娘。唐中宗让窦怀贞与新娘对坐，又命窦怀贞吟诵却扇诗数首，宫扇才缓缓移开。窦怀贞这才看清了新娘的容貌，认出新娘原是韦皇后的老乳母王氏。这个王氏不仅是粗陋蛮婢出身，而且已人老珠黄。宴上群臣见状都大笑不止，中宗也笑着封王氏为莒国夫人，正式把她嫁给了窦怀贞。

唐朝时，乳母的丈夫被称为“阿奢”，娶了王氏的窦怀贞此后每次写奏疏，都落款“皇后阿奢”。世人常常讥讽他为“国奢”，他听后非但不惭愧，还欣然接受，颇有自负之色。

好景不长，与老乳母王氏结婚后两年，景云元年（710），太平公主与她侄子李隆基发动政变，杀了韦皇后。窦怀贞闻讯，不仅再不提自己“皇后阿奢”的身份，还立马将妻子王氏杀死，以此向新任皇帝李旦表示忠心。

“国奢”窦怀贞还是被赶出了长安。但他凭借自己拍马逢迎的高水平，没过多久，便又成了太平公主派系的重要人物，还一度当上了宰相。政坛凶险，左右逢源的窦怀贞最终还是没有保住自己的权势和荣华：先天二年（713），唐玄宗李隆基发动政变，诛杀太平公主党羽，窦怀贞难逃厄运，畏罪自杀。

《长安十二时辰》

李必原型——神童李泌

在唐朝中期，光福坊中住着一位颇具有神秘色彩的名臣——李泌，他是电视剧《长安十二时辰》中李必的原型。李泌的神秘色彩来自他有着政治家、谋臣、学者、隐士等多重身份，他博学通达，潇洒如白鹤一般，在唐朝中期变幻莫测的历史舞台上忽隐忽仕，进退自如：曾叱咤政坛，封侯拜相，稳定贞元政局；也曾被权臣排挤，自在归隐山林，风餐饮露，为白衣山人。

李泌精彩的人生，从很小就开始了。他七岁能文，幼时就已粗通黄老列庄学说，有神童的美誉。《三字经》里“泌七岁，能赋棋”说的就是李泌的神童故事。唐玄宗开元十六年（728），唐玄宗听说了小李泌的才华，想要试一试真假。小李泌来的时候，唐玄宗正和燕国公张说对弈，玄宗便让张说出个题目考他。

李泌成为神童，或许是从很小就开始读书的缘故。他家传藏书丰富，藏书数目在唐代数一数二，韩愈曾感叹“邺侯家多书，插架三万轴”，邺侯就是李泌。他为自己的图书分类贴好标签，还开创了斋馆印刻的先河，图为他的藏书斋“端居室”的印刻，是中国历史上第一枚书斋印刻

张说以眼前的对弈情景拟出了一个题目：以“方圆动静”作赋。张说出完题目后，怕小李泌怯场，自己先作赋一首举例：“方若棋盘，圆若棋子。动若棋生，静若棋死。”谁知小李泌不

慌不忙，沉着赋道："方如行义，圆如用智。动如逞才，静如遂意。"这四句对仗工整，富有哲思，比起张说的赋可谓技高一筹。张说立即起身祝贺玄宗得此"神童"，玄宗很是高兴，对李泌大加赏赐，命李家对他善加抚养。

刘禹锡

唐朝男公务员也发护肤品？

光福坊还住过一位鼎鼎有名的大诗人——刘禹锡。刘禹锡，是中唐时期大臣、文学家、哲学家，有"诗豪"之称，与柳宗元并称"刘柳"，与韦应物、白居易合称"诗坛三杰"，刘禹锡任太子宾客时期的住宅大致在今陕西省美术博物馆附近。

刘禹锡文采斐然但恃才傲物，仕途多有不顺，官也做得不大。由于善诗精文，有些大臣给皇上的上表会找他代笔。他曾经替别人写过的上表，如今看来颇有意思，因为他的诗写出了唐朝男公务员的腊日福利竟然是护肤品！

唐朝时期，逢腊日（农历十二月初八）常有皇帝给大臣派发礼包的习俗，大臣们收到礼包后都要上表圣上以谢恩德。刘禹锡就曾经代写过两份谢腊日赐赠的上

表：一篇是贞元十七年替杜牧祖父杜佑写的《谢历日面脂口脂表》；另一篇是替御史中丞李汶写的《为李中丞谢赐紫雪面脂等表》。

从这两份谢表中可以得知，皇帝腊日派发给大臣的礼品有新年日历、紫雪、红雪、面脂、口脂、澡豆等。紫雪、红雪都是唐代时期常用的膏状护肤品，刘禹锡在谢表中形容说这两种护肤品“膏凝雪莹，含液腾芳”“功能去疾，永绝于疠疵；泽可饰容，顿光于蒲柳”。猛夸御赐护肤品：观之膏质细腻、晶莹透亮；涂抹以后肌肤水润，芳香袭人。不仅如此，常用还能祛斑、去瑕疵，使人容光焕发，美颜常驻。在唐朝，不仅女性装束华丽，贵族男性上至皇帝下至官员，都如此注重个人形象，可见唐代时期经济的发达程度。

皇帝赐的高级护肤品，包装也很上档次。唐朝诗人王建就描写道：“黄金合里盛红雪，重结香罗四出花。一一傍边书敕字，中官送与大臣家。”护肤品一般是装在高档的金花银盒、金棱盒里赠予大臣的，美观大气，尽显皇室奢华。图为西安何家村出土的唐代鎏金飞狮纹银盒，盒子上的飞狮昂首挺胸，强健有力，尽显大唐的昌盛国运，环绕的宝相花繁复精细，足以体现大唐高超的艺术审美水准

长安里坊

永乐坊

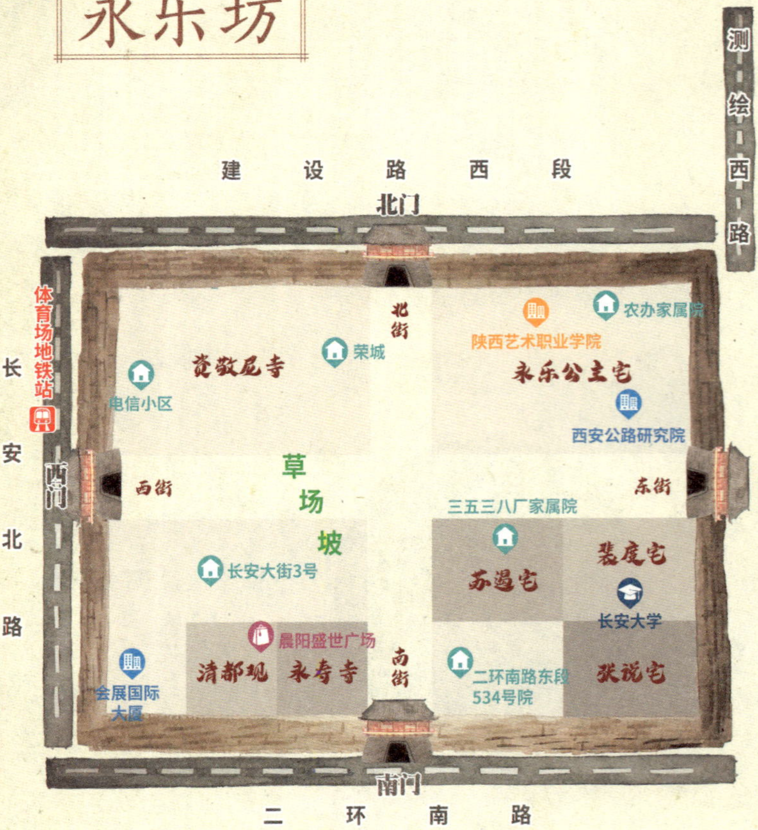

永乐坊，旧称平乐坊，因隋文帝小女永乐公主曾在此居住而得名。坊内有清都观、永寿寺，曾住过左丞相张说、中书令裴度、大理卿崔升，坊里还有凶宅、古冢（传说是汉代东方朔的陵墓，现已渺无踪迹），充满了神秘的色彩。

张说宅

岳父称“泰山”的由来

张说

张说，是唐开元盛世时期的名相，以文治闻名，执掌文坛三十年，为大唐辉煌盛况粉饰太平，开启了文化绮丽、群英璀璨的时代。他当年科举考试的时候，武则天评价张说策论天下第一。张说的出生也有传奇故事，《开元天宝遗事》记载，张说的母亲梦见有一玉燕，自东南飞来，投入怀中，然后就怀了张说。当接生婆看到刚出生的张说时，对其母说，此儿长相富贵，以后能做宰相。后来张说果然做了宰相，“玉燕投怀”就成了祝贺生子的赞颂之语。

张说留给后人的除了“玉燕投怀”的贺词以外，还留有一个对于岳父的美称——“泰山”。据《酉阳杂俎》记载，开元年间，唐玄宗李隆基要封禅于泰山，便命时任宰相的张说为封禅使，掌管一切封禅事宜。按照当时的规定，参与封禅大典的官员，自三公以下都能迁升一级。张说便以职务之便，将自己的亲信都安排到封禅大典上去。封禅结束以后，一次上朝，玄宗看见朝上有个官员陌生得很，问是谁。那人是郑镒，他是张说的女婿，原来是九品官，参加封禅大典后，现在一下子升了好几级，身穿绯色官服，成了五品大员。郑镒自己不好意思回答自己晋升飞速的原因，这时候有另外的大臣调侃道：“这是因为靠了泰山之力。”“泰山”一语双关，既指封禅一事，又指其岳父张说，由此后人称岳父（丈人）为“泰山”。

图为洛阳张说墓出土的墓志盖，墓志由张九龄撰，盖上篆书“唐赠太师燕文贞公张公墓志”，极为精美

坊间揭秘

张说的镇宅之宝

1975年，西安南郊草场坡，也就是当时张说在永乐坊的住宅西北方向出土了一样唐代珍宝——唐鎏金铁芯铜龙。铜龙铁芯制成，通体鎏金，身体细长，两只有力的脚紧扣地面，龙头与上身呈“S”形，龙嘴张开，两只圆睁的双眼直视前方。整条铜龙线条流畅，极富动感，

唐鎏金铁芯铜龙

体现出龙的生动美与气势美，更展现出盛唐生机勃发，神姿奔放的社会风貌，堪称精品。这件宝物的背后，还有一个神奇的故事。

据传，张说在永乐坊购置宅邸后，请方士洪师前来勘察风水，洪师告诫他说："此宅西北隅是王地，千万不要在此取土。"数月后，洪师又来此，对张说说："贵宅气候突然索漠，恐怕有人在西北隅取土了啊。"张说赶忙与洪师来到此宅西北隅，果然见几处土坑，足有丈余深。洪师大惊说："这要祸及你的荣华富贵。"张说骇然失色，立马问道："将它填埋起来，能否补救？"洪师说："挖出来的土已经无王气，与地脉不相连，现在就算把它填起来，也像人患有疮痛，用他人的肉补上，无济于事啊。倒是可以用象征王权的金龙埋于地下以通地脉，恢复王土地气，才能达到消灾免祸的目的。"张说听后，便铸就了这条工艺与造型完美的鎏金铁芯铜龙埋于地下。

裴度

四朝元老

裴度，字中立，山西闻喜人，为宪宗、穆宗、敬宗、文宗四朝重臣，数度出镇拜相。裴度辅佐宪宗实现"元和中兴"，为相20年，引荐李德裕、韩愈、刘禹锡、李光颜等文臣武将，"出入中外，以身系国之安危"。仕途中屡遭奸臣排挤打击，却始终坚贞正直，坚守正道，是中唐当之无愧的国宝级元老人物。

裴度

裴度在宦海生涯里起起落落，却始终平安，离不开他的中正，也离不开他的通达。《太平广记》记载，裴度在中书省任职时，一次参加歌舞酒宴，随从忽然报告说官印丢了。裴度神色怡然，告诫随从们不要声张。半夜，酒宴正进行到热闹处，随从又报告说官印又回来了。裴度也不答话，宴饮极欢而散。人们问他为什么这样，裴度说："书办们偷印去私盖书券，不急着寻找追查的话，就会再放回原处，追得太急的话就会将印销毁掉，再也找不着了！"这件小事，就能看出裴度是一个有器量的人，能容人小错，遇事通达。他对自己升官贬官不甚在意，平日也不好服食，看淡生老病死。

在裴度晚年，历经政坛风雨，已是风烛残年，在自己永乐坊的宅子里养病。唐代志怪小说集《独异志》里记载了裴度去世前的一个离奇故事。暮春时节，他忽然梦到自己在南园游玩，花朵盛开，烂漫温馨。醒来便命家里的仆僮抬自己到花圃看花，可惜时节未到，花都没开。裴度黯然说道："我还没看到花开就要死了，真是令人伤心啊。"说罢怅然而返。次日清晨，仆人惊喜地跑来告诉裴度，牡丹的一丛已经开花，裴度欣然前往观看，三日后才去世，享年 75 岁。

苏遏

凶宅得金转时运

《太平广记》记载了发生在永乐坊的一则有趣的鬼怪故事。天宝年间，穷书生苏遏从扶风来到长安赶考，居无定所。他听说永乐坊有一座旧宅院经常闹鬼，居住在那里的人都会家破人亡，就算是暂住的人，第二天也会死在里面，因此租金很低却无人居住。苏遏走投无路，便租了这个宅子，卷上铺盖就住进去了。

半夜，他听见烂木精和金精在呼唤问答，吓了一身冷汗。但他大起胆子问红色的烂木精："为什么把以前住这儿的人都杀了？"烂木精说他并没害人，那些人自己惊惧过度，吓死了。苏遏从此便不害怕，与两个精怪和睦而居，安然无恙。几天后，苏遏正准备睡觉时，两个精怪突然现形，告诉他院子里有宝贝。第二天，苏遏根据精怪的指示，从西墙下挖出一个铁罐，里面放有紫金三十斤，铁罐上赫然写着："赐有德者。"苏遏想：自己何德何能得此珍宝？便暗自下决心要修德禳灾，烂木精也劝他干脆把名字改为“有德”。他心想这是好主意，也好勉励自己，从此便改名苏有德。

苏有德后来按照精怪要求把他们送到昆明池中，恢复了他们的自由。然后闭户读书，中得进士，3 年后被范阳节度使请去做幕僚，7 年后官拜冀州刺史。永乐坊的宅子从此平安无事，再无闹鬼之说。

长安里坊

第九章

怀贞坊 崇业坊 靖善坊 靖安坊

长安里坊

怀贞坊

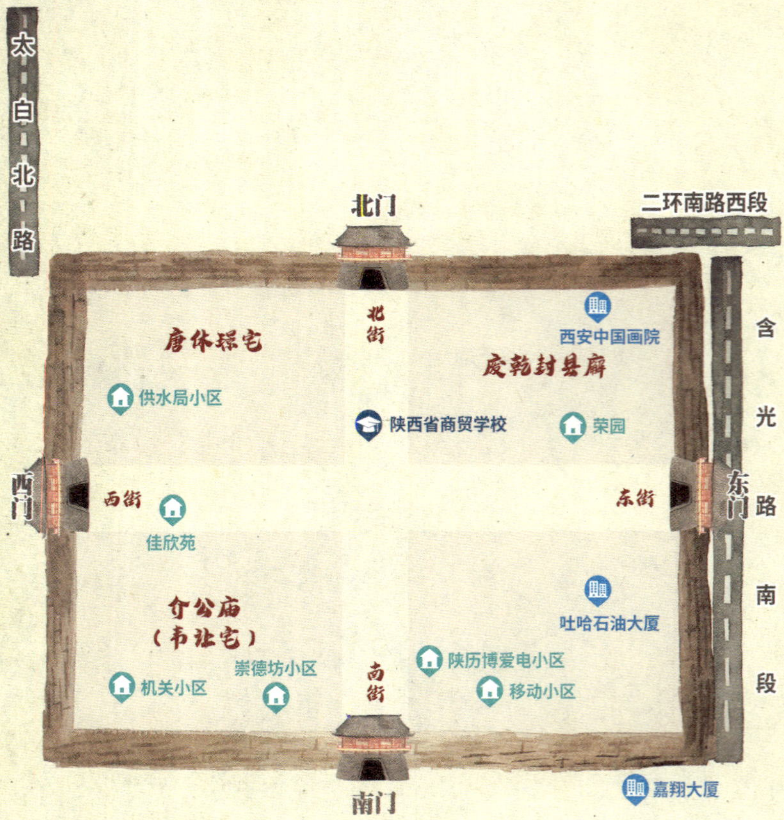

怀贞坊，又称怀贤坊，武太后为了避母号“太贞夫人”的名讳，改为怀贤坊，神龙元年恢复原名。唐代诗人许棠作有《冬夜怀真里友人会宿》一诗：“静语与高吟，搜神又爽心。各来依帝里，相对似山阴。漏永星河没，堂寒月彩深。从容不易到，莫惜曙钟侵。”坊内主要分布有介公庙、惠昭太子庙、尚书右仆射唐休璟宅、废乾封县廨。

唐休璟

八十岁不舍功名的戍边大将

唐休璟，名唐璿，字休璟，唐朝时期宰相兼名将，咸阳令唐谐之子。唐高宗至武则天时期，唐休璟镇守西北边关，多次击退突厥、吐蕃的武装犯境。久视元年（700），吐蕃大将麹莽布支攻打凉州，唐休璟率军迎击，他见吐蕃军衣甲鲜盛，对部将道："麹莽布支麾下都是些贵族子弟，虽然看起来强盛，但是不通军事，你们看我破敌。"唐休璟亲自披甲上阵，跃马冲杀，六战六克，威震吐蕃。

图为河南登封出土的唐武则天除罪金简，据说是久视元年（唐休璟参加的洪源之战同年）七月七日，武则天上嵩山祈福遣道士胡超向诸神投简以求除罪消灾

吐蕃战败后，赞普马上就派使者到长安求和，武则天在麟德殿宴请吐蕃使臣。宴会上，使臣常常偷看唐休璟，被武则天发现后，说出原因："洪源之战这位将军英勇无比，我想多看看他。"事后，武则天提拔重用唐休璟，唐休璟一度官至夏官尚书（兵部尚书）。唐休璟军功显赫，在高宗、武则天、中宗

时期恩宠不断，直到退休。

晚年唐休璟退休在家，身体和精力虽然已经衰退，但渴求功名之心却更加强烈。当时尚宫贺娄氏经常干预国政，依附她的人都得到恩宠和官位，唐休璟就为儿子娶了贺娄氏的养女为妻，通过贺娄氏得以复相。唐休璟年过八十仍不舍权力，被当时的人所讥讽。

韦让

违章占地建豪宅的嚣张驸马

韦让，宣宗时为义成军节度使，宪宗女郑国温仪公主驸马。韦让在长安怀贞坊西南角的亭子边，违章占地建起了九间私人豪宅。这九间房舍所占宅基地，属于京城长安的公共用地。要知道，唐长安城从高宗起就对违章建筑有处罚规定：对侵街占地者刑杖七十。对驸马爷韦让来说，这规定形如虚设，不仅没人对他处罚，就连御史上书要求他拆迁也没有结果，邻里们更是敢怒不敢言。唐宣宗李忱即位后，一道针对姐姐、姐夫的违章建筑的诏令下达，百姓无不拍手称快。拆除时，韦让始终没有露面，更没有敢谈建筑拆迁的补偿问题。

长安里坊

崇业坊

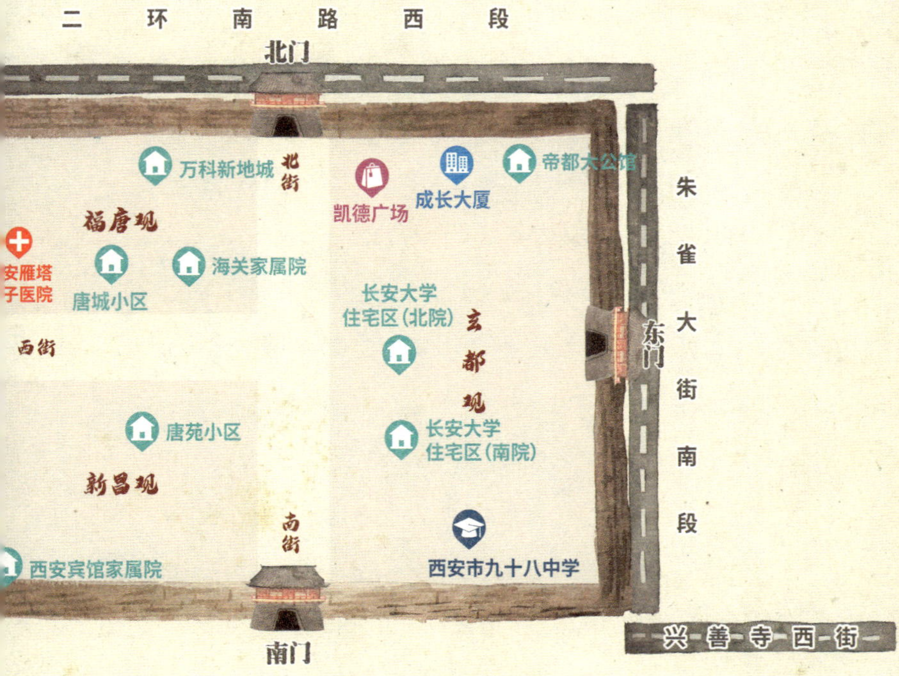

崇业坊鲜有人住，坊内主要分布有玄都观、福唐观、新昌观、同中书门下平章事王涯家庙、吏部尚书崔群家庙。

玄都观

爻辞贵位玄都观

“紫陌红尘拂面来，无人不道看花回。玄都观里桃千树，尽是刘郎去后栽。”“百亩庭中半是苔，桃花净尽菜花开。种桃道士归何处，前度刘郎今又来。”

许多人对玄都观的了解是从刘禹锡的这两首诗开始的。玄都观内曾盛植桃树，每年桃花盛开季节，满观红霞，仿佛仙境，达官贵人、文人名士和城中百姓都会争先前来观赏。人花相簇，场景十分热闹。

玄都观的由来还颇有意思。玄都观始建于北周时期的长安故城内，名为通道观。隋文帝派宇文恺营建大兴城时，就看中大兴城地势奇绝，有六条高坡像乾卦，所以在九二位建宫殿，以当帝王之居；九三位立百司，以应君子之数；九五位呈爻辞贵位，不宜普通人居住，为了镇住这道高坡，将通道观迁建于崇业坊内，改名为玄都观，占大半坊之地，东边隔朱雀大街与兴善寺相对。

玄都观在当时的长安城影响很大，驻观道士也享受很高的待遇，许多名士常游玄都观向道士求教，甚至乞为弟子。天宝年间，道士荆朏，道学深厚，为人们所追捧敬仰，连朝中重臣太尉房琯去拜访荆朏时，都会准备厚礼。中唐时期，有个叫牛弘满的道士，13 岁出家，后来担任玄都观观主，与皇亲国戚多有交往，经常出入皇宫，获得皇家丰厚的赏赐。

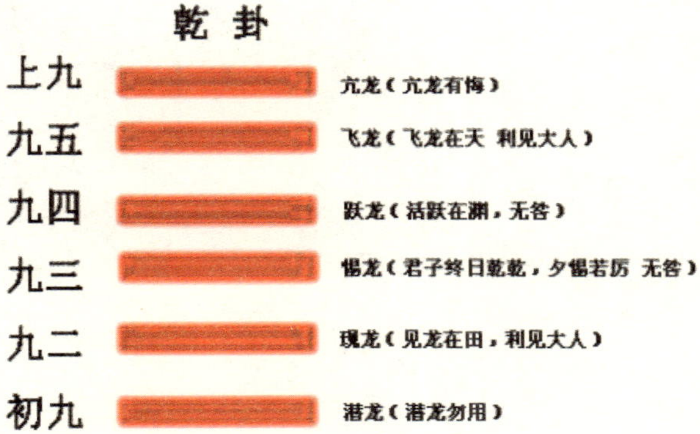

图为乾卦，是《周易》八卦中第一卦。六爻中九五爻处于最尊之位，天子因此称为“九五之尊”，因为地位极尊，普通人不敢在此居住，因此建了玄都观。所谓“玄都”本是上古时期诸侯国的名字，据说其国君好鬼道，以鬼神巫术治国。后来“玄都”成了道教的专有词语，意思是天上仙境，指太上老君所居之地

福唐观 & 新昌观

喜好出家为道的唐朝公主

崇业坊内除了玄都观外，还有福唐观和新昌观。这两个道观也都原是公主宅邸，公主出家为女冠后改为道观。唐朝有许多公主都有出家为道的经历，有的是出于

报恩，有的则是遭遇打击后想远离无休止的权力争斗。

福唐观，原为新都公主宅。她是唐中宗李显的长女，驸马是武延晖。唐中宗继位后，新都公主封邑一千三百户，是开府七公主之一，成为长安炙手可热的权贵。她并没有满足，结党营私，出售“斜封官”，以求更大的富贵。景龙四年（710），父亲中宗李显去世后，她将自己在延福坊的宅子改为新都寺出家，儿子武仙官也出家为道士，新都公主就把自己在崇业坊的宅子改建为福唐观，供儿子修道。

图为唐代梁令瓒摹《五星二十八宿神形图》里的神仙形象，神仙形象怪异，但灵秀飘逸，出尘脱俗。在道教神仙体系里，二十八宿神很受尊崇，这些出道的公主道观里可能会悬挂这种内容的神仙图

新昌观，原为新昌公主的住宅。新昌公主是唐玄宗李隆基第十一个女儿，嫁给了当时宰相萧嵩的儿子萧衡。新昌公主婚后一共生了五子一女，想必夫妻琴瑟和谐，相处融洽。天宝六载（747），驸马萧衡病死，新昌公主请求出家为女冠，玄宗李隆基应允后便在崇业坊建立新昌观。

长安里坊

靖善坊

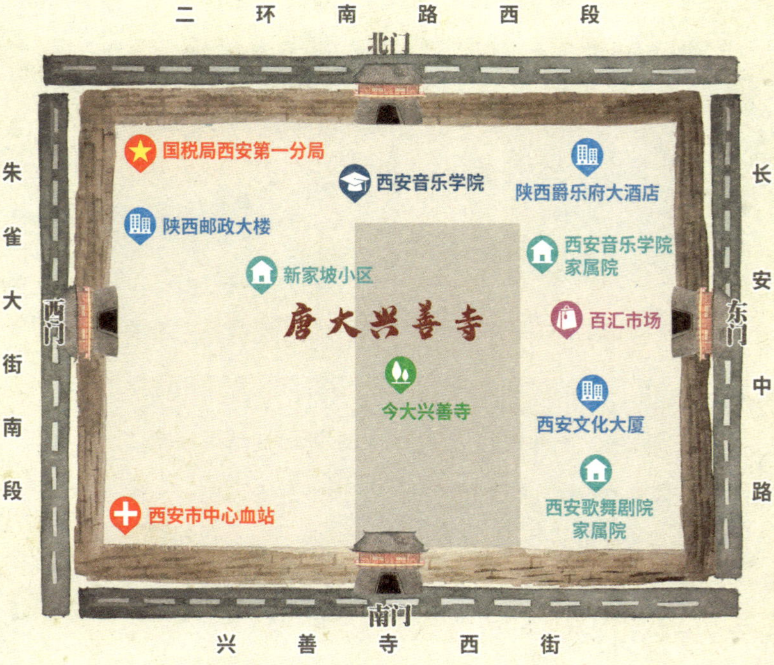

靖善坊一坊之地尽是“佛教八宗”之一密宗祖庭——大兴善寺。大兴善寺原名遵善寺，隋文帝建大兴城时将其设为国寺，取城名“大兴”二字和靖善坊中的“善”字，赐名大兴善寺。大兴善寺已有1700余年历史，是西安现存历史最悠久的佛寺之一。今天的大兴善寺占地面积不到当初的四分之一。

大兴善寺

唐文宗的蛤蜊佛缘

大兴善寺的观音殿里流传着这样一个故事：唐文宗李昂一直很爱吃蛤蜊。一日，宫人照例将满满一盘子蛤蜊进上供文宗享用。文宗正吃着，有一个蛤蜊竟怎么也剥不开，他觉得此事很怪异，就赶紧焚香祝祷一番。说也奇怪，祝祷完没多久，蛤蜊自己张开了，里面似乎有个人，形貌端庄秀丽，脚踩荷花，和菩萨一模一样。于是文宗命人把它放在金粟檀香盒里，盖上玉屑，毕恭毕敬地送到大兴善寺，并立即下令建一座观音大士阁供养。民间有蛤蜊观音的传说：观音菩萨化身蛤蜊现身于文宗，免除了渔民月月进贡之苦。渔民知道后家家供起观音，“蛤蜊观音”的传说在浙江沿海渔村仍有流传。

长安里坊

靖安坊

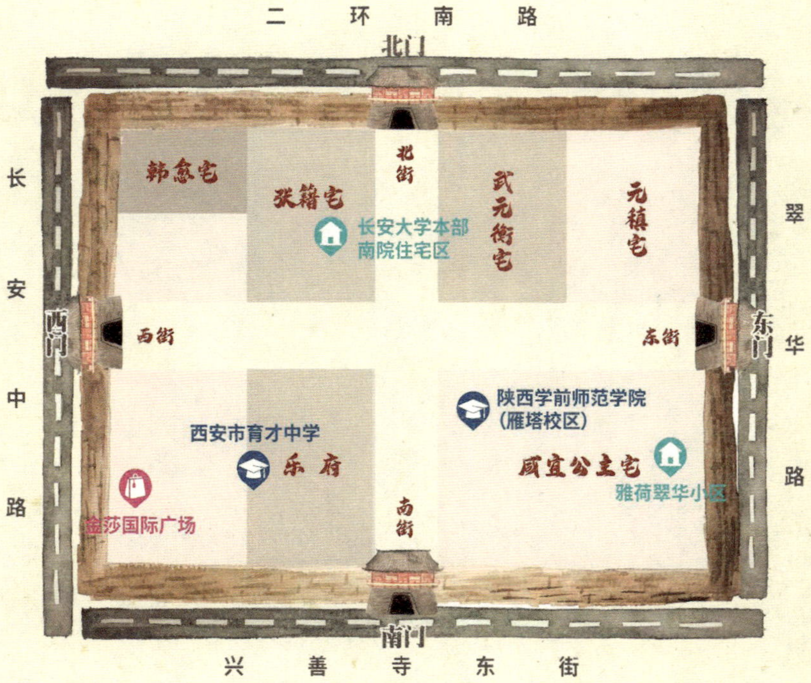

靖安坊里有着皇家音乐机构——乐府，还曾居住过咸宜公主、门下侍郎武元衡、吏部侍郎韩愈、水部郎中张籍等皇室宗亲和权贵名流。本该莺歌燕舞的里坊，也曾被政治博弈的乌云笼罩，坊内发生过震惊朝野的当朝宰相遇刺案和吏部侍郎遭贬岭南事件，一度让时人唏嘘感叹。

乐府

大唐皇家音乐机构

乐府是隋朝所置，唐沿用的音乐机构，隶属掌管国家礼乐的最高机构太常寺。乐府负责采风、制定乐谱、采集歌词、训练乐工，以备朝廷举行祭祀、召开宴会或举行仪式时的演奏。

图为五代时期顾闳中画的《韩熙载夜宴图》（局部），记录韩府夜宴的场景，图中是五个奏乐仕女管乐合奏的场景

咸宜公主

杨贵妃曾经是她的伴娘

咸宜公主是唐玄宗李隆基的第二十二个女儿，母为武惠妃。武惠妃深得玄宗宠爱，这个娇小玲珑的公主也备受父皇喜欢，封食邑一千户，是其他公主的两倍。咸宜

公主没有参与太多政治，她嫁了两次人，晚年出家于咸宜观，人生可谓平淡无奇，历史上没有太多记载。但值得一提的是，杨贵妃是在她的婚礼上当伴娘发迹的。

图为内蒙古赤峰市契丹贵族墓出土的壁画《杨贵妃教鹦鹉图》局部，壁画极具有晚唐风格，是仿照唐代仕女图大师周昉之作，画中的杨贵妃面如盈月，眉似弯柳，丹凤细眼，樱桃小口，国色天香。雪白的鹦鹉是玄宗李隆基的爱鸟“雪衣娘”，这只鹦鹉会背《心经》

开元二十四年（736），咸宜公主大婚的那天，洛阳城的名媛很难得地都出镜亮相。作为咸宜公主的伴娘，杨玉环正式出现于皇家成员的视野里。由于养父的官阶低，她也不敢太出众，只是在伴娘队伍中低着头缓缓地按照程序作礼，但沉鱼落雁的美貌还是藏不住，低调的她依旧震惊了众人。

咸宜公主的母亲武惠妃一眼就看中了杨玉环，肤若凝脂、千娇百媚，颇有自己年轻时候的风姿，便有意将她许配给自己的儿子寿王李瑁。唐玄宗李隆基对这桩婚事也很是赞同，后来杨玉环就从伴娘成为王妃。武惠妃是怎么也想不到，自己死后，玄宗会把自己给儿子相中的儿媳占为己有，还留下一段比她和玄宗的爱情更加奇绝的旷世爱恋。如果她知道结局，又怎么会把这个“名花倾国两相欢，长得君王带笑看”的玉环娶回家呢？

武元衡

震惊朝野的宰相遇刺案

武元衡，字伯苍，是武则天的从曾孙。德宗建中四年（783），参加科举考试，金榜题名。曾二度拜相，主张强势对抗藩镇，有“铁血宰相”之誉。

图为明人绘制的《千秋绝艳图》中的薛涛形象，薛涛是乐伎、女诗人、女校书，才华堪比卓文君，与元稹、白居易、武元衡都有过绯闻

武元衡号称唐朝第一美男子，与才子白居易是朋友也是情敌。武元衡在担任西川节度使期间与美女诗人薛涛的关系极为暧昧，和薛涛数次以诗相和，互诉相思之情。如武元衡的《赠道者》：“麻衣如雪一枝梅，笑掩微妆入梦来。若到越溪逢越女，红莲池里白莲开。”素衣薛涛清丽动人，武元衡一见倾心，魂思梦绕。薛涛读罢，以《送友人》煽情回赠：“水国蒹葭夜有霜，月寒山色共苍苍。谁言千里自今夕，离梦杳如关塞长。”《蒹葭》可是出名的情诗，可见，薛涛对这位才华横溢、风度翩翩的才子也是深情款款。两人郎

有情、妾有意的情诗满天飞，这样高调地秀恩爱惹得爱慕薛涛的白居易嫉妒不已。

铁血宰相情场得意，官场也不逊色，他坚决主张撤藩，雄心勃勃并手腕狠辣。削藩动了藩镇节度使的根本利益，因此贿赂他的人很多，要他手下留情。武元衡自然毫不动摇，最后竟然招致杀身之祸。元和十年（815）六月三日，报晓晨鼓敲过，天色未明，武元衡从自家宅门出来，准备赴大明宫上朝。刚走出靖安坊东门，被平卢节度使李师道派去的刺客先用箭射中左肩，随即又用棍棒击打致死。当朝宰相暴死在家门口，可见政坛血雨腥风之凌厉。或许武元衡自己也嗅到了危险的气息，在被刺杀的前夜，他写下了生命中最后一首诗："夜久喧暂息，池台唯月明。无因驻清景，日出事还生。"

韩愈

苏轼偶像的耿直被贬之路

韩愈是唐代文学家、思想家、哲学家，是古文运动的倡导者。古文运动让文人开始重视语言表达的现实和思想本质而非华丽修辞，韩愈的诗文总是围绕现实，言之有物，思想深刻。他被后人尊为"唐宋八大家"之首，有"文章巨公"和"百代文宗"之名。除了文学实

图为韩愈书法碑拓李观墓志

力以外，他为人中正，关注民生，刚直不阿，也是官场清流。鼎鼎大名的苏轼是韩愈的忠实“粉丝”，赞扬他“文起八代之衰，而道济天下之溺，忠犯人主之怒，而勇夺三军之帅”。

韩愈不是一个神童型文豪，而是苦学型人才。他三岁丧父，跟着哥嫂生活，后来哥哥也去世，跟着寡嫂颠沛流离。他自幼苦读，从不需要别人监督，即便如此，也是四次科举才考中进士，25 岁走入仕途。当官以后，他保持中正耿直、敢于谏言的文人傲骨，却仕途多舛，多次贬谪都是因为发表了不阿权贵、为民请命的文章。

韩愈任监察御史期间，发现京兆尹李实对关中百姓旱灾隐瞒不报、不管不顾，义愤填膺地给皇帝写了奏疏《御史台上论天旱人饥状》，结果反被李实诬陷，当年十二月就被贬到连州做县令。

后来，韩愈作为行军司马参与了平淮西的战争，打了胜仗，皇帝很高兴，让韩愈撰写《平淮西碑》的功劳文章。他大加表扬了总指挥裴度的功劳，忘了表扬唐安公主的女婿，被告了一状。皇帝很生气，派人把韩愈写的石碑拉倒磨平，不久也贬了官。

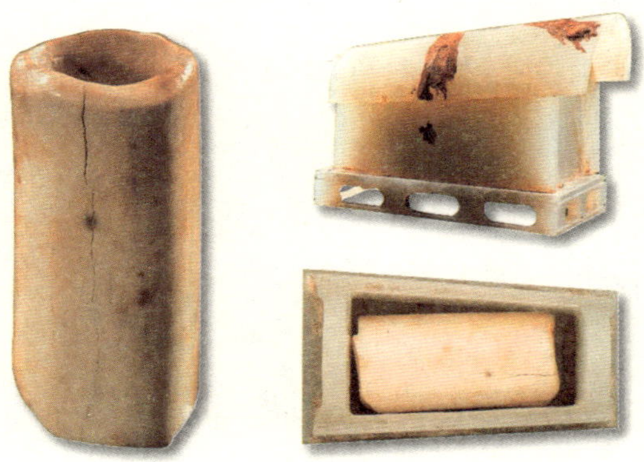

图为陕西宝鸡法门寺的佛骨舍利。法门寺始建于东汉末年，法门寺塔在建成以后的1700多年历史里，虽然有坍塌，但是塔底的地宫从未被破坏。1987年重建法门寺塔时首次发现地宫，内存有大量盛唐时期与佛事相关的精美文物，其中就有八重宝函包裹的佛骨舍利。应该就是当年韩愈《论佛骨表》中谏言烧毁的佛骨

后果最严重的一次，韩愈文章递上去，差点就没命。元和十四年（819）正月，正逢法门寺开塔迎祀佛骨，唐宪宗非常信奉佛法，派出专使前往法门寺迎佛骨。韩愈是儒生，不信佛，他认为供奉佛骨费用庞大，佛事太盛会导致民生凋敝，便毅然上《论佛骨表》极力劝谏宪宗将佛骨烧毁。表中言辞激烈，甚至说了信佛的皇帝都寿命不长的话。宪宗读后大怒，认为韩愈诅咒自己，要用极刑处死他。裴度等人极力劝谏，乃至皇亲国戚们也认为对韩愈加罪太重，宪宗才免他死罪，将他贬为潮州刺史。

潮州在当时是荒蛮偏远之地，瘴气弥漫，一般人难以适应那里的恶劣环境，此去便是生死未卜。韩愈赴任途经蓝关古道，遭大雪所困，幸有侄孙韩湘前来接应，他触景生情，写下了《左迁至蓝关示侄孙湘》："一封朝奏九重天，夕贬潮州路八千。欲为圣明除弊事，肯将衰朽惜残年！云横秦岭家何在？雪拥蓝关马不前。知汝远来应有意，好收吾骨瘴江边。"

所幸，次年韩愈被调任别处，可惜他离开潮州四年后就去世了，时年 57 岁。

长安里坊

第十章

宣义坊 永达坊
兰陵坊 安善坊

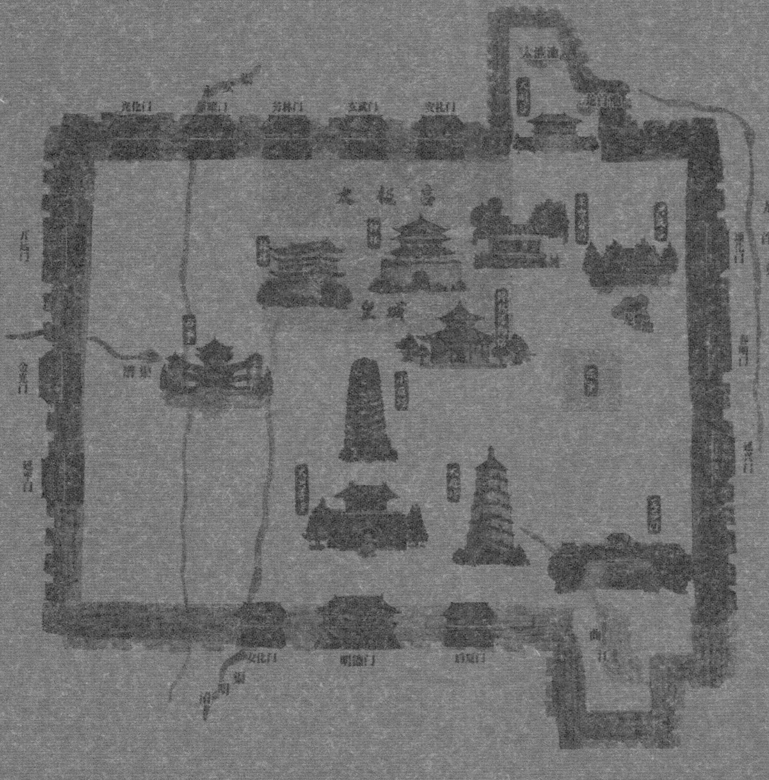

长安里坊

宣义坊

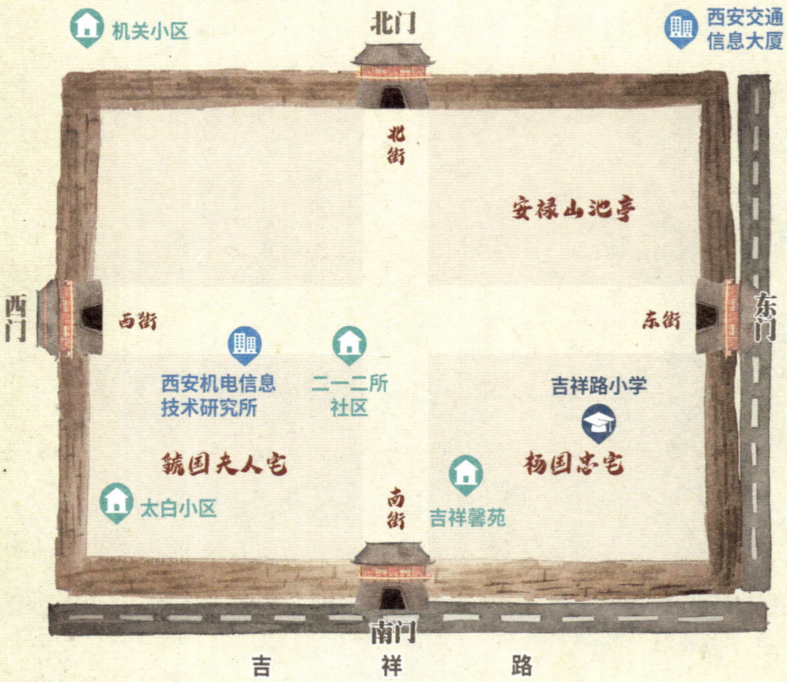

清明渠从宣义坊西流过，因此达官贵人在此坊多建山池园林，坊间小桥流水、竹翠草绿、莺啼鸟鸣，是长安城中优雅的休闲场所。有很多诗人都留下了描写宣义坊美景的诗句："春入池亭好，风光暖更鲜。""细草乱如发，幽禽鸣似弦。""树起秋风细，西林磬入微。"坊内主要分布有燕国公张说别宅、安禄山池亭，以及杨国忠、虢国夫人、王郎中等人的住宅。

杨国忠

冰山避暑、肉阵取暖

图为河南洛阳出土的杨国忠进奉银铤，本是地方进贡来的税银，被杨国忠拿来孝敬玄宗，送入玄宗私人小金库。反映了杨国忠为玄宗大肆敛财的史实

杨国忠，杨贵妃族兄，靠着外戚的身份甚是得宠，一度官至宰相。他谄媚玄宗，贪污舞弊，专权误国，排挤忠良，最后死于马嵬驿事变。杨国忠生活极尽奢侈，杨氏子弟也都学习他，《开元天宝遗事》中记载了很多杨国忠奢侈生活的故事。每到三伏天，杨国忠就命人弄来一些大冰块儿，雕琢成山的形状，放在宴席之间，冷气飕飕，宾客们就算喝得酒酣耳热，也被冻得不轻，甚至还有披上棉被御寒的，这就是“冰山避暑”的故事。冬天天气严寒，杨国忠又想出了取暖的好办法。他出行时让身材肥胖的婢女打前阵，遮住寒风，自己借着人气取暖，这就是“肉阵取暖”。奢靡至此，百姓无不瞠目结舌。

虢国夫人

杨贵妃骄奢淫逸的三姐

虢国夫人是唐玄宗贵妃杨玉环的三姐，丈夫早亡。

杨贵妃得宠于唐玄宗以后，虢国夫人和杨贵妃的另两个姐姐一起被迎入京师。唐玄宗厚待她们，并赐以住宅。

虢国夫人仗着妹妹的恩宠，大建豪宅，贪污受贿，爱好盛装游行，排场极大。据说，她盛装出行所经之处沿途撒落丢失的珠宝首饰就不计其数，香风更是飘达数十里。《开元天宝遗事》里记载她有一个夜明枕，放在堂中，光照一室，都不需要点灯。或许是宝物见多了就不足为奇，虢国夫人喝酒也喝出新花样。唐代异闻小说《云仙散录》中记载，她命人在屋梁上悬鹿肠于半空，在下端打上结。每当举办筵宴时，使人爬上屋梁将酒注入肠中，饮用时将结解开，注在酒杯中。这根梁上鹿肠又叫作“洞天瓶”。

除了生活奢侈，虢国夫人生活作风也很是豪放。她常常和玄宗眉来眼去，据说她是素颜女神，进宫见玄宗都轻轻画一下眉毛就去了，害怕脂粉遮掩了自己的天姿国色。杜甫就写过："虢国夫人承主恩，平明上马入宫门。却嫌脂粉涴颜色，淡扫蛾眉朝至尊。"她与杨国忠也有私情，与他宅邸相连便于私下往来。马嵬驿事变杨国忠被杀，虢国夫人自杀而亡。

安禄山

白白胖胖的胡人与安史之乱

安禄山，营州柳城（现辽宁朝阳）人，是粟特族和突厥族的混血儿。他生于康国，父亲早亡，母亲改嫁后，他改姓安。童年到处奔波的经历让他通晓六蕃语言，开元初他逃离突厥，靠边境贸易翻译挣钱，他还小偷小摸地补贴生活。如果命运的剧本就这样写下去，安禄山也不会出现在史书里。很快，第一次巨大的人生转折来临了。

图为唐代张萱所绘《虢国夫人游春图》宋代摹本，图中再现了虢国夫人及秦国夫人与眷从盛装春游的场景。两位夫人体态雍容，神态华贵，衣着妆容考究精致，就连马鞍都以金缕银丝绣织装饰，足见她们生活的奢靡程度

图为唐苏思勖墓壁画胡腾舞图。胡腾舞是一种男子独舞，舞姿雄健、刚毅奔放，又柔软潇洒，诙谐有趣，在唐朝上层很是流行。安禄山极擅长此舞。玄宗是歌舞艺术狂热爱好者，看到白白胖胖的安禄山柔软轻盈、诙谐奔放的舞姿，一定会忍俊不禁，心生喜爱。擅长胡腾舞或许是安禄山深得宠信的重要条件之一

开元二十年（732），安禄山偷羊被抓住，幽州节度使张守珪准备将他乱棍打死，危急中，他高声喊道："大人难道不想消灭两个蕃族啊？为什么要打死我！"张守珪看他长得白白胖胖，模样还不错，临死有胆量求饶，觉得非同凡人，就留他在身边当兵。

绝处逢生后，他的仕途一路高歌猛进。安禄山打仗很有一套，后来多次立功，张守珪提拔他为偏将。童年漂泊闯荡的经历、经商的生涯使得他狡诈圆滑、善于逢迎、灵活应变，在玄宗后期统治阶层骄奢淫逸、乱臣当道的背景下，安禄山这个底层出身的胡人靠着白白胖胖的憨厚外表和灵活机敏的投机经营，一步步接近了大唐统治核心阶层，最终，赢得了唐玄宗的信任，也为日后的安史之乱埋下伏笔。

为了获得玄宗宠幸，安禄山金钱贿赂、言语谄媚，无所不用其极。安禄山每次参拜，不拜皇上只拜杨贵

妃，皇上问他：“为何不拜我而拜妃子？”禄山奏道：“臣乃胡人，胡人先跪拜母亲。”玄宗并不生气，贵妃更是欢喜。他用尽手段使得杨贵妃非常喜欢他，收他为养子。安禄山从此常以养子身份与玄宗、贵妃在便殿玩乐，甚至杨贵妃让侍女给安禄山脱光了，放在大盆里给他洗澡，还给安禄山裹浴巾，爱称其为“禄儿”，安禄山要年长贵妃十几岁，此事之荒唐令人瞠目。

安禄山发动叛乱以后，虽然成立了伪燕政权，晚景却极其悲惨。晚年的安禄山愈加肥胖，肚子坠到膝盖以下，因为肥胖，身上有褶子的地方长了很多毒疮，后来还双目失明，最终被次子安庆绪指使宦官所弑。

长安里坊

永达坊

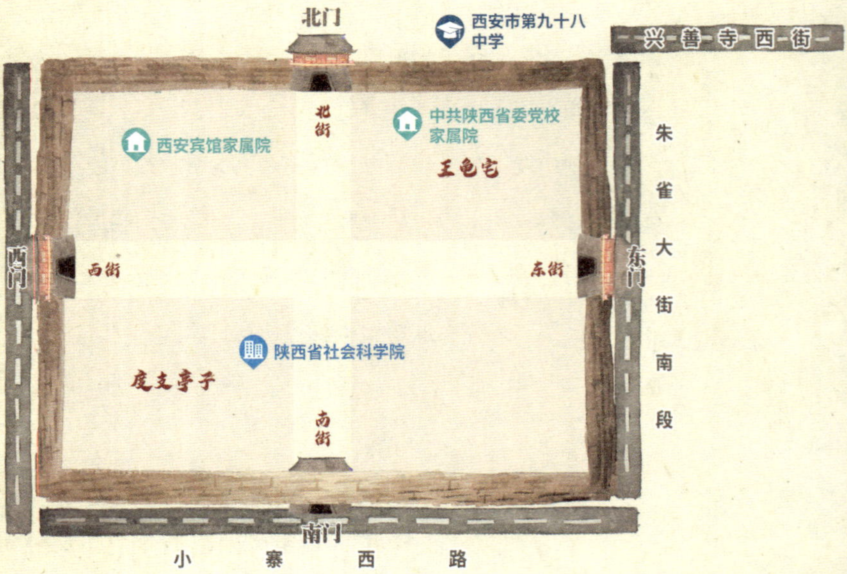

永达坊里有华阳池、度支亭子，有水有亭，风光很好，是唐朝时期举办公宴的场所，当时为新进士举办的牡丹宴就在此处进行。唐朝中后期宰相王播的儿子王龟在永达坊园林深处建了一个书斋，作为自己隐居的处所。

度支亭子

盛世的官宴和"AA制"的牡丹宴

盛唐经济繁荣、社会安定、国力强大，社会风气自由开放，人们普遍喜欢人际交往，宴饮共乐。唐朝的官员会参加很多宴会，如皇帝赐宴、公宴、进士宴等，新科进士的牡丹宴就是在永达坊内的度支亭子举办的。

唐朝公务员的待遇是很好的，朝廷规定，各级官府逢旬日（十天）或赶上盛大节日，州郡一级的行政机构可以定期举行官方宴会，长官与幕僚共会一堂，费用由官府支付，称为"公宴"或者"官宴"。在社会风气自由奔放的唐朝，这种官宴允许官员招歌舞妓，费用也由公家报销。后来大家觉得这样做不实惠，到唐德宗时，就改了个规定，政府发钱给诸司，让大家自己去吃喝。《玉泉子》中就记载有唐宣宗时，京兆尹（地位相当于首都市长）崔郢在永达亭子宴请三司的记录。

唐代进士宴会是我国历史上最著名的室外宴饮活动之一。从无业游民到国家公务员，要实现命运大转折，大多都是通过科举考试来实现的。拿到了仕途入场券的新科进士自然要好好庆祝一番，各种宴会也就随之产生。其中，在牡丹盛开的时节以观赏牡丹为名的宴会称之“牡丹宴”，坊内的度支亭子就是举办牡丹宴的主要场所。由于宴会耗资较多，一人难以承受，进士们多采用“醵宴”形式（即现在流行的“AA 制”）来举办。

图为清代画家恽寿平《牡丹图》，画中牡丹华丽地绽放，雍容富贵。可借此佳作遥想唐代牡丹宴的盛景，牡丹张扬富丽的形态正是新进学子们希冀未来仕途通达的内心写照

长安里坊

兰陵坊

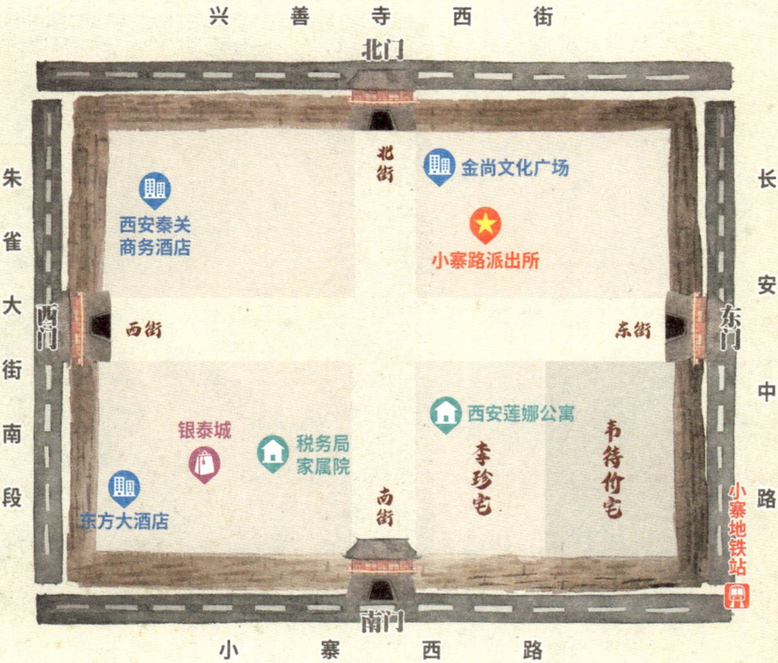

兰陵坊中曾居住过韦应物的曾祖父韦待价、工部尚书李珍、汝州鲁山县令皇甫枚等人。《太平广记》中记载，坊西好像还有一个大菜园，有一个好道术神出鬼没的王员外就在是兰陵坊大菜园里找到的。

韦待价与“乾县锅盔”

韦待价，是著名诗人韦应物的曾祖父。韦待价并不擅长诗作，是一名武将，参与过抵抗高丽军队的战争，也率军抵御吐蕃进攻，还曾经被武则天任命带领军队修建高宗李治的乾陵，为大唐王朝立下赫赫功勋，一度官至宰相。后来，他在一次征讨吐蕃的战争中失利，被除名流放，最后病死在绣州。

除了赫赫战功，韦待价留给后人的还有一样著名小吃——“乾县锅盔”。唐高宗病逝，武则天临朝听制。为了满足丈夫想要葬在乾州梁山的愿望，武则天力排众议，任命韦待价全面负责乾陵修建工作。

相传，在修建乾陵期间，由于工程浩大，工期又紧，招募的官兵、民夫极多。每到吃饭的时候，厨房都做不过来。修陵的官兵与民工为解决生活问题，就用自己的头盔烙制面饼。一时，筑陵工地香气弥漫。韦待价吃了以后，觉得香脆可口，回味无穷，忙派专人送到京城长安孝敬武则天，皇室成员吃了也颇为喜欢。后来，唐朝宫廷每年都让乾县进贡锅盔馍。这种烙馍的方法在当地经过改进，一传十，十传百，成为了今天著名的乾县小吃“锅盔”。

乾县锅盔是陕西著名传统小吃，锅盔中间可以夹辣子，配上一碗豆腐脑，十分美味

长安里坊

安善坊

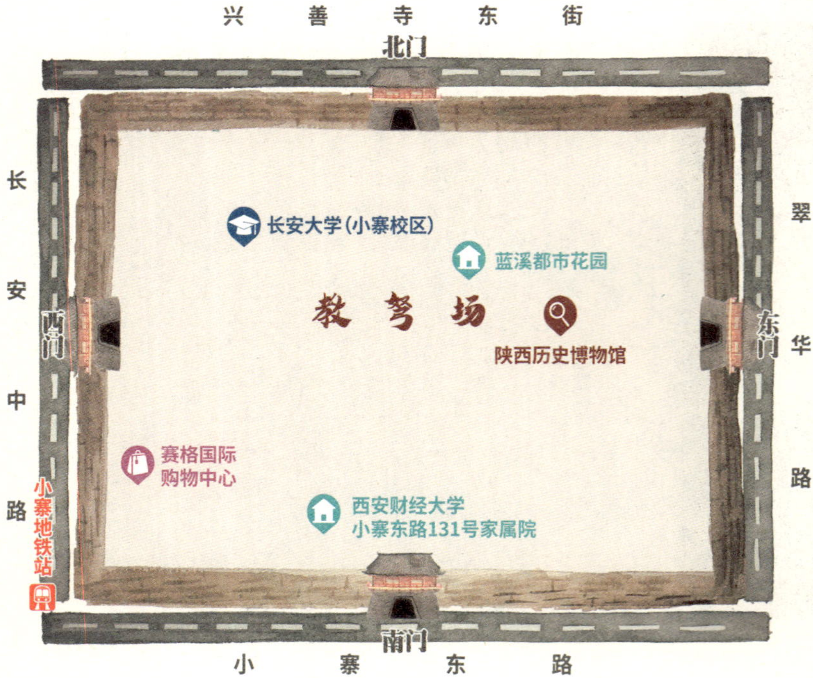

安善坊曾经是隋朝的明堂所在地，唐高宗时期，这里与大业坊的一部分地方被设立为贸易市场，位置处在东市、西市之中，因此被称作“中市”。这里是马、牛、驴等牲畜的交易地。后来因为地方偏远，交易不便，逐渐被废弃。武则天主政的时候，安善坊被改建为威远军教弩场。元稹在《答姨兄胡灵之见寄五十韵》并序中也提到，他曾住在靖安坊，宅子南边就挨着弩营。当时，威远军士兵在坊内练习弓箭、整兵出操，安善坊内应常常是军容整齐、严肃激烈的场面。

长安里坊

第十一章

丰安坊 道德坊
开明坊 大业坊

长安里坊

丰安坊

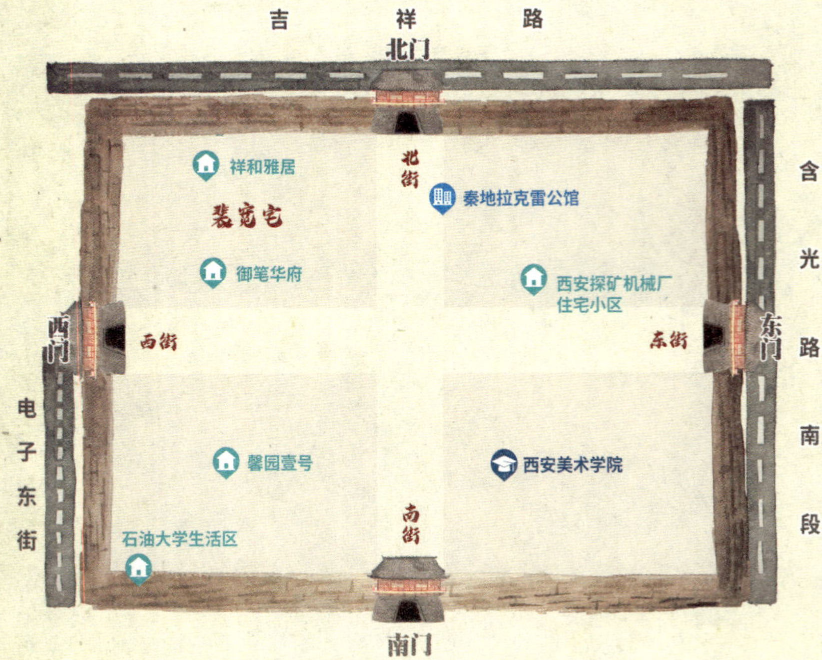

丰安坊中有裴宽、王相、苏郎中等人的住宅。虽然刘禹锡留下了拜访友人苏郎中宅邸的诗作，温庭筠留下了拜访友人王相宅邸的诗作，但论坊内宅主的名气与地位，当属户部尚书裴宽最胜。

裴宽

埋鹿获姻缘

裴宽，河东闻喜（今山西省闻喜县）人，父亲是袁州刺史裴无晦。裴宽生性通敏，骑射、弹棋、投壶等技艺精熟，文辞水平也不错。睿宗李旦景云年间，任润州参军。他为官清正廉直，被当时的刺史韦诜发掘，不仅升了他的官职，还把他收为自己的女婿，韦诜招贤婿的故事很有意思。

韦诜有一个女儿到了待嫁的年龄，但他择婿格外挑剔，此前虽有一些门第显要、名气甚大者来求亲，皆被拒绝。一天，闲来无事，韦诜和妻子儿女登上城楼观赏，眺望风景，无意间看见裴宽宅子里有几个人在园圃

图为山西闻喜县裴柏村，素有“中国宰相村”的美称，裴宽的家族河东裴氏在中华历史中兴盛了800多年，出了59位宰相、59位大将军，裴度、裴秀、裴胄、裴行俭等都是裴氏家族的名臣。在封建时代，家族门阀是巨大的利益共同体，他们在教育、婚姻、政治等各个方面占据巨大优势，裴氏家族自强不息、坚持正道的家训精神又为家族昌盛注入了源源不竭的动力，催生了盛名久著的河东裴氏家族

里掩埋什么东西，便命人把裴宽找来，问他鬼鬼祟祟在干什么。裴宽说："我经常告诫自己，不能接受贿赂而败坏家风。今天有人送来一些鹿肉，放下以后就走了，想送回又不知是谁，我不能对自己失信，所以将它埋在后面的园圃里，以便坚持自己的做官原则，没想到引出了些误会。"韦诜一听，很是诧异，对眼前这位年轻人刮目相看，打定主意引荐他为按察判官，并要把自己女儿许配给他。第二天，他又把裴宽找来，全家人在帷幕后窥视，见裴宽穿着八品以下的碧色官服，又瘦又高，皮肤还黑。韦诜家人见了他的模样后大笑道，这不就是只"碧鹳雀"嘛。韦诜却不以为然："爱护女儿，就应该给她找德才兼备、能做公侯的相公，你们何必以貌取人？"

韦诜的女儿嫁给了裴宽，事实证明韦诜的选择没错。裴宽能力卓越超群，为人公正廉明、不屈富贵，做河南丞，河南大治；做太原尹，政绩卓著，唐玄宗赐给他紫金鱼袋，还亲笔写下"德比岱云布，心如晋水清"夸奖他。在开元年间，裴宽家族被推选为名家望族第一位。

长安里坊

道德坊

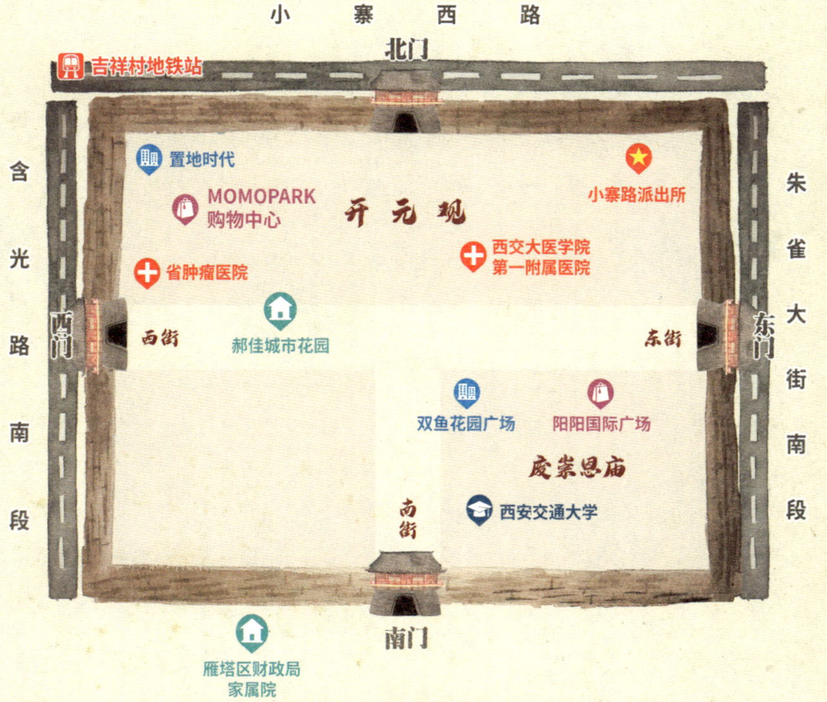

道德坊内有开元观和中书令王武俊家庙、御史中丞王知信宅。神龙年间，中宗李显在坊内建有崇恩庙，用来祭祀母亲武则天家族的祖先，景云年间废置。

开元观

隋时王宅唐时观

开元观原是隋秦王杨浩宅，杨浩是隋文帝杨坚之孙，隋末的傀儡皇帝。大业十四年（618），宇文化及发动江都之变，弑杀隋炀帝杨广，拥立杨浩为帝。即位后，宇文化及为大丞相，总揽朝政，杨浩很快被废黜，宇文化及自立为皇帝，傀儡皇帝杨浩则被毒杀。

中宗李显时期的神龙元年（705）为长宁公主宅，景云元年（710）建道观，开元五年（717），睿宗李旦女儿金仙公主在此出家，法号无上道，道观改为女冠观。开元十年（722），改名为开元观。

长安里坊

开明坊

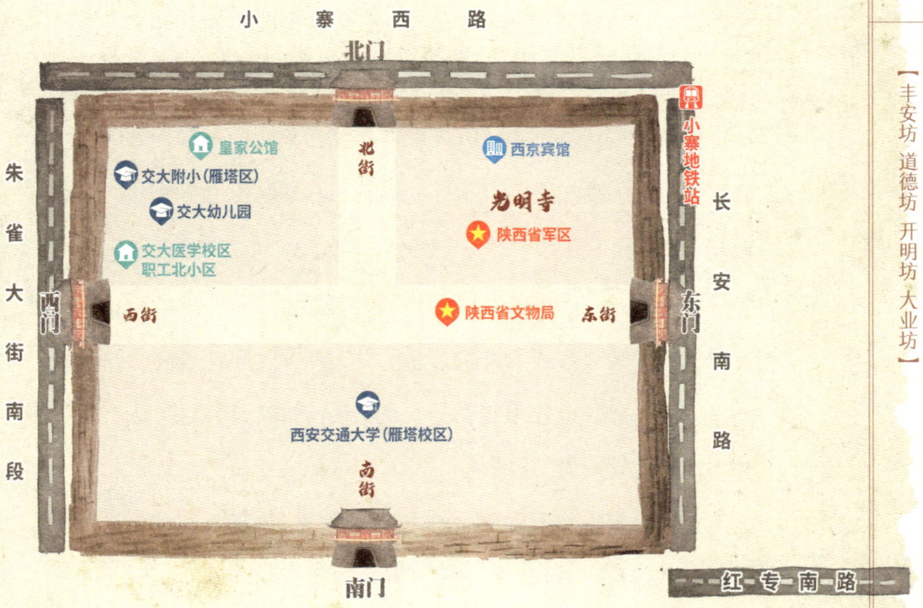

开明坊基本上少有住宅。即使不时有人居住，也是烟火不接。这一片土地大多是耕地，种着庄稼，阡陌相连。这里曾经住过诗人许棠的一位朋友，探访他以后，许棠写道："城中尘外住，入望是田家""来往唯君熟，乡园共海涯"。据可考的资料显示，开明坊里重要的建筑只有一处：光明寺。

光明寺

佛法与艺术的集大成者——善导大师

开明坊内的光明寺，是佛教净土宗实际创始人善导大师在长安传教最重要的寺院之一，位于今陕西省军区一带。

善导大师，俗姓朱，10 岁时即跟从密州（今山东省诸城市）的明胜法师出家，归心向佛。29 岁跟随道绰大师修学，贞观十九年（645）道绰大师圆寂后，33 岁的善导大师转赴长安弘扬净土法门佛法，在京城的光明寺、慈恩寺、实际寺等各大寺院大弘法化。善导大师持戒极严，经常乞食，30 年不视女子，也不受沙弥礼拜。他品德高尚，念佛虔诚，很多长安百姓都被他感化。据传，他用 3 年时间将长安城感化得满城断肉，出现了“家家观世音，户户阿弥陀”的盛况，真正将净土宗佛法融入普通百姓的生活之中。

除了对净土宗杰出的贡献以外，善导大师也是一位不折不扣的艺术大师。他擅长造像艺术，洛阳龙门石窟中艺术水平最高、整体设计最严密、规模最大的一座造像——卢舍那大佛，就是他监督建造的。卢舍那图为善导大师督建的龙门卢舍那大佛，建于唐高宗年间，相传是高宗为给爱妻武则天献礼专门开凿的。佛像根据 48 岁的武则天容貌和仪态雕刻而成，是武则天的报身佛，卢舍那是智慧广大、光明普照的意思。为造这尊大佛，武则天一人就捐钱两万贯。佛像脸部线条圆润、五官端正美丽、神色平和而威严，仿佛能看透一切，显示出一代女皇武则天非凡的睿智、气魄和心胸

大佛相传是根据武则天的容貌仪态雕刻的佛像，以神秘微笑著称，被国外游客誉为“东方蒙娜丽莎”“世界最美雕像”。

长安里坊

大业坊

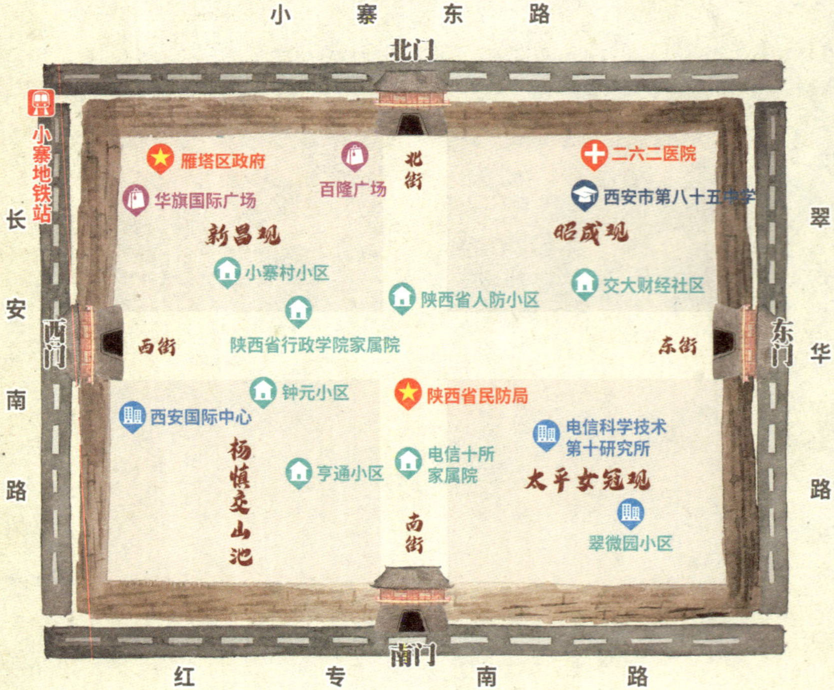

大业坊本名弘业坊，神龙年间，为避孝敬皇帝（高宗李治第五子，武则天长子）李弘名讳改称此名。坊内主要分布有太平女冠观、新昌观、昭成观、驸马都尉杨慎交山池等。

太平女冠观

太平公主逃避和亲的出家经历

太平女冠观原为唐高祖李渊第十子徐王李元礼的住宅。唐高宗咸亨三年（672），54 岁的李元礼去世。高宗李治统治年间，吐蕃已经发展成为大唐强有力的对手，李治和武则天在对吐蕃的态度上以防御为主。仪凤二年（677），吐蕃赞普派出使者入长安，提出要与太平公主和亲的要求。

太平公主是李治与武则天最小的女儿，此时正值豆蔻年华，亭亭玉立，颇有武则天年轻时候的美貌，又聪明伶俐，风采出众，备受高宗与武后宠爱。想到太平公主入藏一去不复返的场景，武则天怎么也不愿让女儿离自己那么远，吃苦受难。无奈吐蕃的势力正强，直接拒绝恐怕引来军事祸乱，因此武则天和李治商量了一个妙策，保住了女儿又委婉拒绝了和亲。

武则天紧急安排修建了太平女冠观，安排太平公主到女观出家修行。然后回复吐蕃使者："贵国的好意不胜感激。无奈在七年前，太平公主的外祖母杨氏去世后，为报答生前慈恩，公主已入女冠之道，发誓一生不犯戒，故不能与任何人结婚。若犯教条，将遭天谴。望使者回告吐蕃王，谅此曲情。”吐蕃赞普听说太平公主出家了，也不好勉强，只得作罢。

可能仓促修建的女观环境不够好，娇生惯养的公主也住不惯，后来女观就移到李元礼的宅子来了，这里地方宽敞，建筑气派，景色也好，太平公主在此住下。和亲风波过去以后，没几年，太平公主就为自己选中了心仪的驸马薛绍，举行了大婚，离开了太平女冠观。太平女冠观的西侧有一山池，景色甚美，原本也属于徐王李元礼，后来驸马杨慎交参与神龙政变有功，皇帝就赏给了他。

图为相传唐代周昉绘制的《宫女浴孩图》，描绘了唐代后宫嫔妃给孩童洗澡的情景。或许，当年的小太平公主就是在这样的环境下长大

长安里坊

第十二章

昌明坊 光行坊 保宁坊 昌乐坊

长安里坊

昌明坊

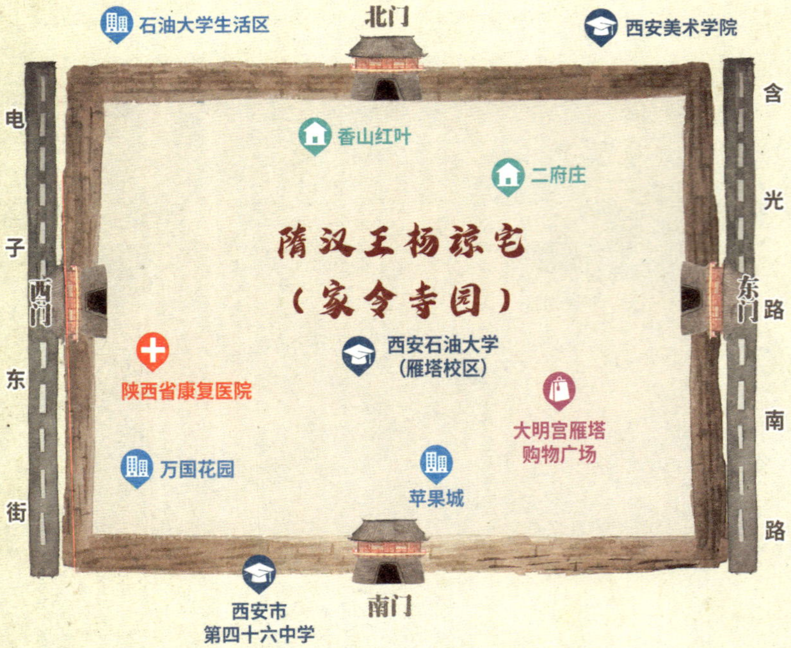

昌明坊内主要有隋汉王杨谅宅（家令寺园）。昔日风光时，杨谅宅占据全坊之地，无人与之相争；兵败失势后，所有荣华富贵都成过眼云烟。

杨谅

被溺爱孩子的悲惨结局

图为唐代阎立本《历代帝王图》（后人摹本）中隋文帝杨坚

杨谅，本名杨杰，是隋文帝杨坚与文献皇后独孤伽罗最小的儿子，一直深受父亲隋文帝的宠爱。他7岁被封为汉王；19岁无任何政治经验就被任命为雍州牧，加授上柱国；24岁，隋文帝把国内地盘很大、军事实力很强的并州交给他，亲自护送他去并州上任。更有甚者，隋文帝特设他不用遵守法律，可以自行行事。含着金钥匙出生的杨谅在毫无约束的环境下长大，这样的溺爱滋生了杨谅的野心，在大哥杨勇被二哥杨广设计废黜以后，他也蠢蠢欲动，想与杨广争夺皇权。隋文帝驾崩后，杨谅没有了靠山，不满杨广继位，起兵反叛。但他毫无实战经验，起兵不久就大败，最终被幽禁至死，年仅30岁。杨谅在昌明坊的宅子被没收，改为东宫官署家令寺。

长安里坊

光行坊

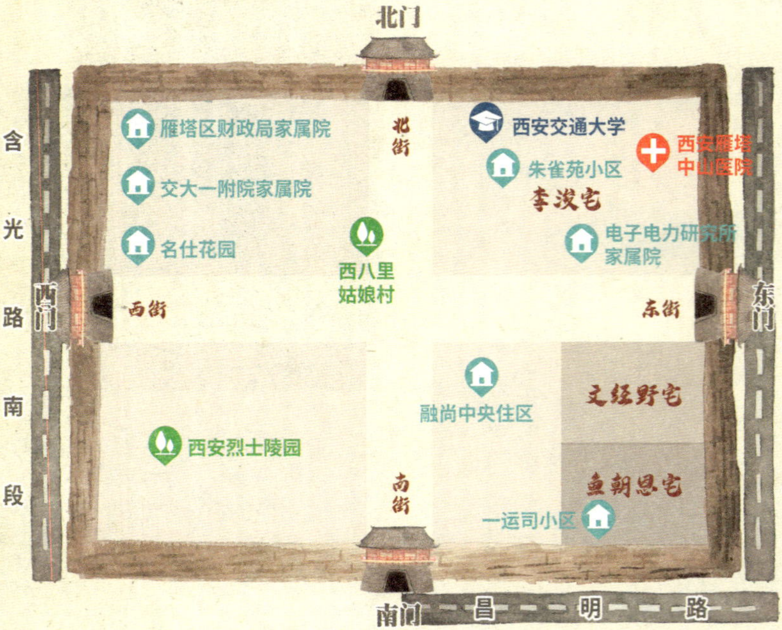

光行坊，又作光仁坊，因“行”字犯唐中宗李显讳，武周长安年间改“光仁坊”。坊内主要分布有华州刺史文经野、卫国公李浚、观军容使鱼朝恩等人的住宅。

鱼朝恩

权宦之死

鱼朝恩

鱼朝恩，天宝末年净身入宫，供职小黄门。他生性狡黠，聪慧伶俐，善于宣答，通晓诗文，精于计算，凭借高超的侍君之术，入职以后一路高升。安史之乱后，鱼朝恩护送唐玄宗出逃，侍奉唐肃宗李亨，颇得信任。讨伐安禄山之子安庆绪时，鱼朝恩被封为观军容宣慰处置使，这个观军容使的官职是从鱼朝恩才开始设置的，鱼朝恩的权势可见一斑。

得势之后，鱼朝恩暴露了自己的本性，目空一切，贪贿勒索，陷害忠良，迫害无辜，成为朝廷的毒瘤。《太平广记》记载了一则故事：鱼朝恩非常专权，一般的公卿都不敢抬头看他。宰相大臣决定政事时，必须和他商议。鱼朝恩有个养子叫鱼令徽，才十四五岁，就开始在内殿当差。皇帝碍于鱼朝恩的面子，特赐绿衣（五品以下官员穿着）。

有一次鱼令徽和同列黄门侍郎（职位在令徽之上，按次序应站在令徽之前）争路。鱼令徽怕落在后面，硬往前挤，不知是谁误碰了一下鱼令徽的臂膀，他就急速跑回去告诉鱼朝恩说，因为他的班次在后，被同列者欺负。鱼朝恩大怒，第二天，在皇帝面前上奏说，我小儿子令徽职位在同僚之下，愿陛下特赐金腰带，以便超过别人。要求皇帝赐给他紫服（唐制文武官员三品以上服紫，金玉带）。未等皇帝开口，鱼朝恩便命令尚衣局的人捧来了紫衣，鱼令徽立刻向皇帝谢恩。皇帝当时压制住内心的怒火，强装笑脸对鱼朝恩说："你儿子穿紫衣，扎金腰带，非常合适。"鱼朝恩已经连天子都不放在眼中了，朝廷自下至上都仇视这个权势滔天的宦官，这就注定了他未来悲惨的结局。

大历五年（770），宰相元载密奏请杀鱼朝恩，并以重金贿赂鱼朝恩的保镖和亲信周皓、皇甫温二人，二人将鱼朝恩的一举一动都报知元载。元载与代宗密谋，明面上继续赏赐鱼朝恩，麻痹他，暗地里计划着刺杀行动。就在寒食节的时候，皇宫举行宴会。宴会结束后，鱼朝恩准备回家之际，唐代宗刻意留下他来议事。等鱼朝恩一到，唐代宗便责难他图谋不轨，鱼朝恩依旧严词辩白，他的亲信周皓则将他擒获，勒死了他，天下人无不称快。

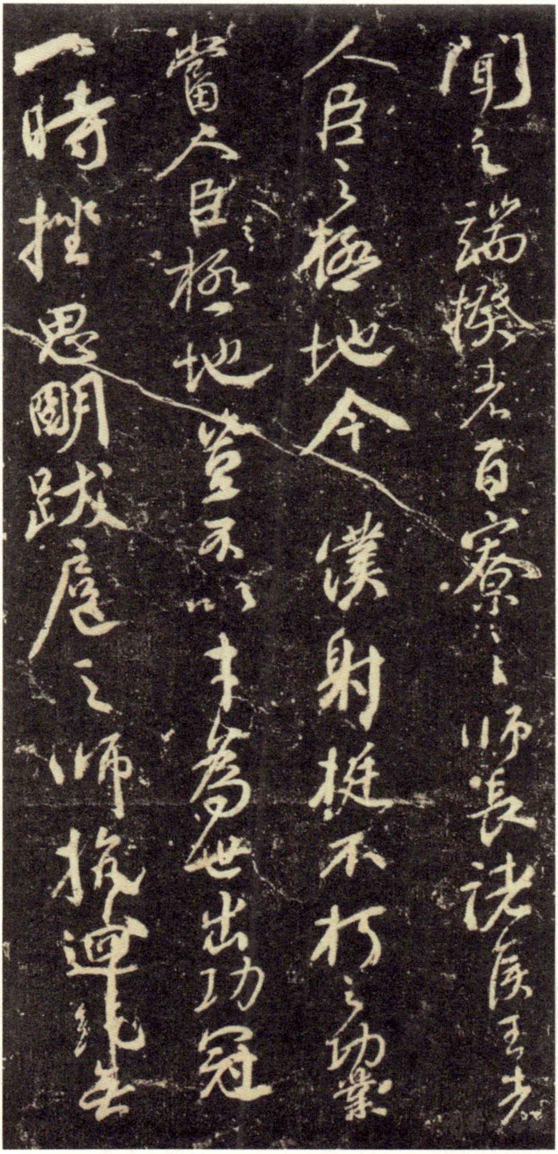

图为颜真卿行草书法代表作《争座位帖》，是写给郭英义的一封信，斥责他藐视礼仪，谄媚权宦鱼朝恩，使其礼遇高于六部尚书，字里行间洋溢着忠义之气。此帖原迹已佚，刻石现藏于西安碑林博物馆

长安里坊

保宁坊

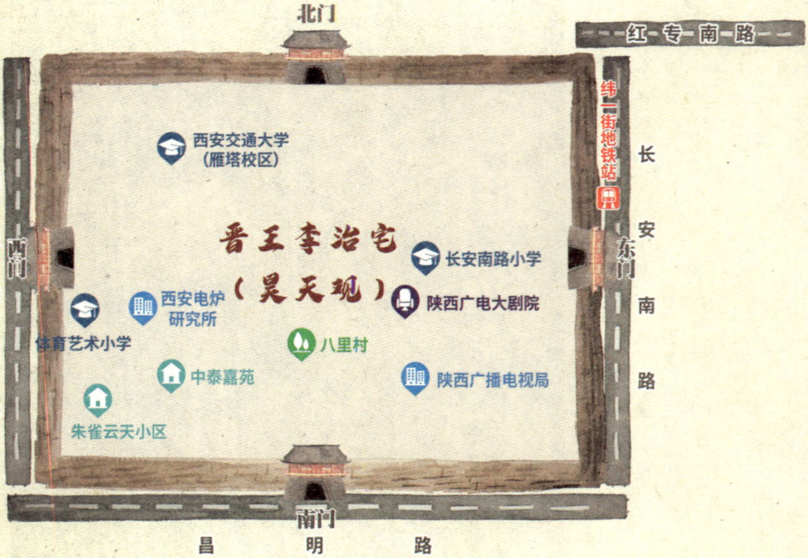

贞观初，保宁坊曾为唐高宗李治当晋王时住的宅子，高宗即位以后为了给父亲李世民祈福，将自己的住宅改为“昊天观”，亲笔书额并制《叹道文》。

昊天观

观里有好水

唐武宗时期，宰相李德裕酷爱喝茶。好茶需要好水冲泡，他常派人从一千二百公里外的江苏常州惠山取水，运到长安。惠山泉的水是茶圣陆羽品出的天下第二好的泉水，中唐诗人李绅曾赞扬它为“人间灵液”。但这样路途遥远，泉水运送多有不便，运来也不新鲜了。有一位僧人告诉他：长安城中昊天观的水和常州惠山相通，不必大费周章去惠山取水。李德裕便命人将昊天观和惠山的水同时取来，称取重量，果真一模一样，从此，李德裕改用长安城昊天观的水泡茶。

坊间打卡

六百余年“八里村”

西安八里村

保宁坊昊天观位置就在现在西安的八里村附近，“八里村”这个名字却和唐朝长安城无关，是明代流传下来的。明代秦王朱樉营建西安城时，这里为囤积军需之要地，因距西安府城南八里得名，至清嘉庆年间，寨内迁入乡民，更名“八里村”，名称沿用至今。

带着六百余年历史记忆的八里村在高楼林立的西安成了名副其实的城中村。村里窄窄巷道，摊铺罗列，美食飘香，烟火气十足。

长安里坊

昌乐坊

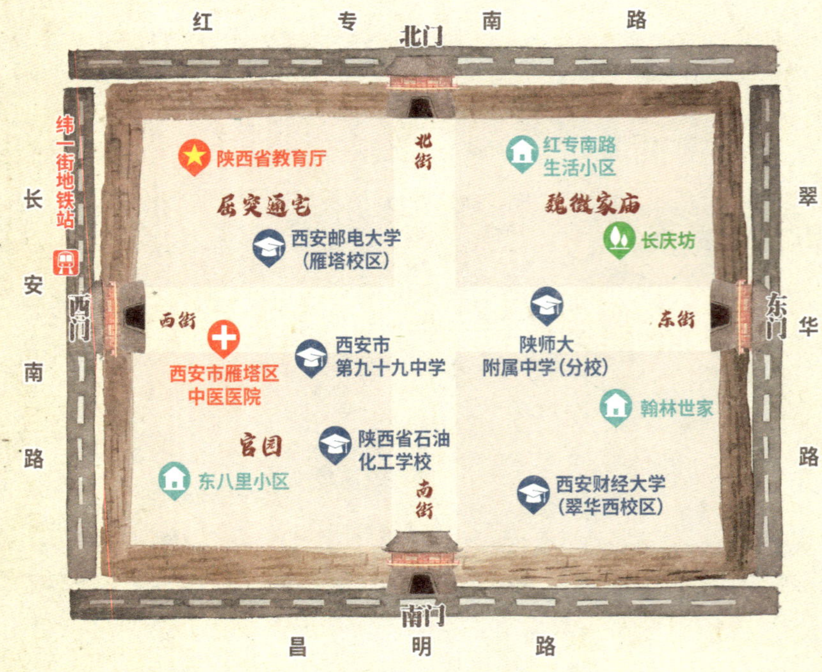

昌乐坊里住过大将军屈突通，里面还有魏徵、蒋系的家庙，坊西有一个官园，是专门负责进贡梨花蜜的地方。

屈突通

谁说降将不能是忠臣？

屈突通，复姓屈突，字坦豆拔，奚人，是北周邛州刺史屈突长卿之子。屈突通出生于长安，刚毅武略，善于骑射，隋文帝时期成为右武侯车骑将军。他奉公正直，铁面无私，治军严谨。他弟弟屈突盖当时是长安令，也为官清正，治吏严整。当时的官民都很敬畏、忌惮兄弟二人，时人都说：“宁食三斗艾，不见屈突盖；宁服三斗葱，不逢屈突通。”

隋朝末期，李渊起兵反隋，屈突通以少敌多，奋战至最后一刻，兵士纷纷倒戈，他见大势已去，面向东南再三跪拜：“臣力尽兵败，没有辜负陛下，天地神祇，实所鉴察！”被迫投降后，被扭送至长安。面见李渊，这位铁血硬汉因为没有尽忠国家而涕泪横流，自愧难容。李渊为之感动，并没有杀他，反

图为清代刘源《凌烟阁功臣图》里的屈突通形象

而重用他。

屈突通归降李唐后，便一心忠于李唐，立下赫赫战功。在后来李世民讨伐王世充的战役时，屈突通的两个儿子还在王世充帐下，他不顾私情请任讨伐前锋，最终获得胜利。李世民即皇帝位后，屈突通因功进左光禄大夫，成为凌烟阁二十四功臣之一。屈突通虽然是降将，历史对他的评价却并不低，《新唐书》就有记载："屈突通尽节于隋，而为唐忠臣，何哉？惟其一心，故事两君而无嫌也。"

长安里坊

第十三章

安乐坊 延祚坊
安义坊 安德坊

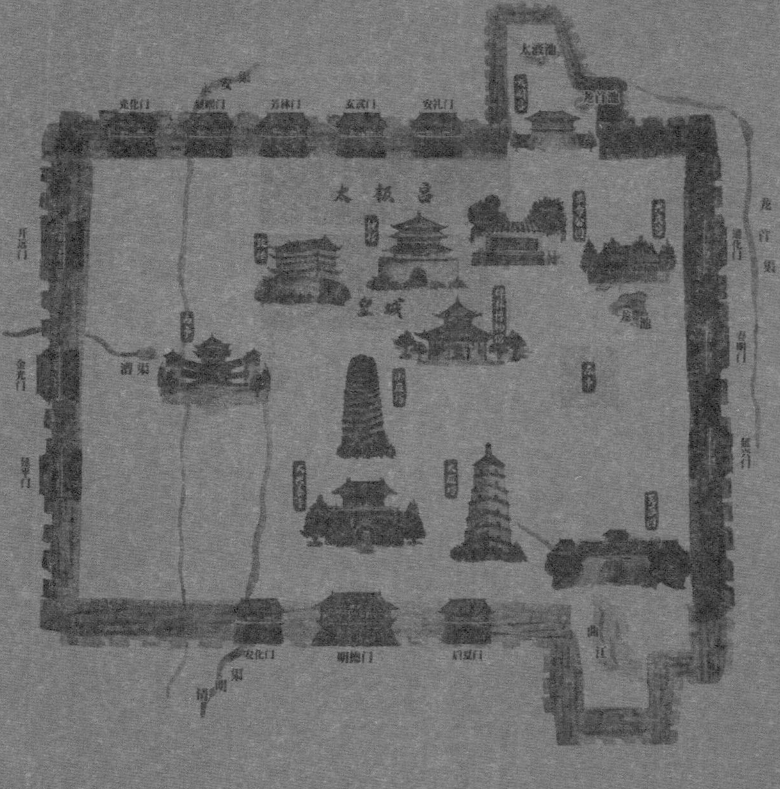

长安里坊

安乐坊

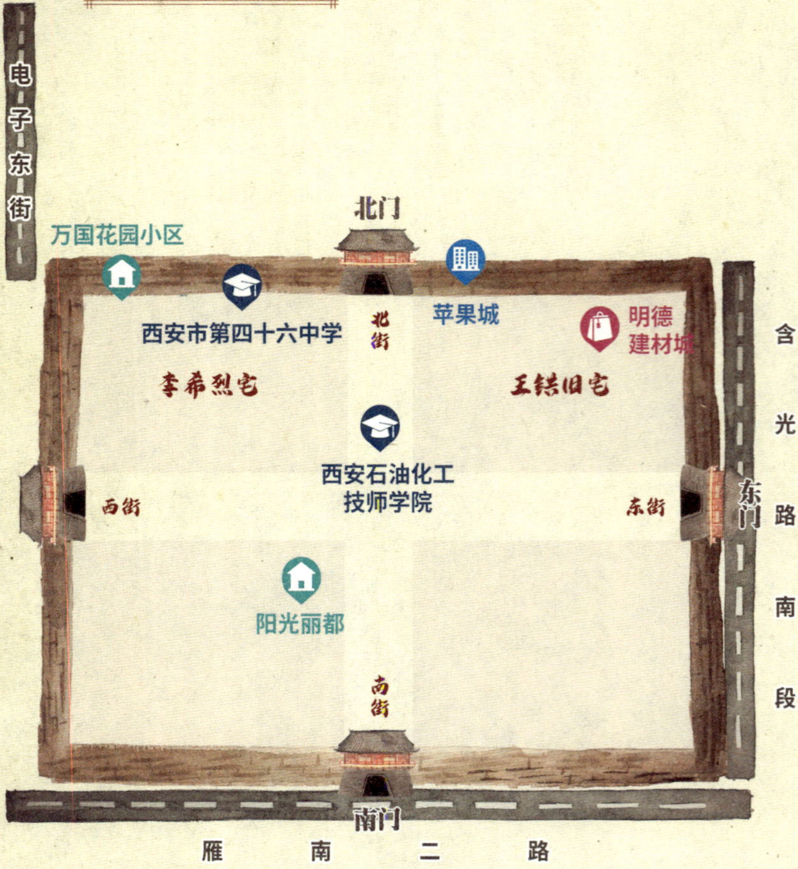

安乐坊内长期以来竹树茂盛，坊内有户部侍郎兼殿中监王铁旧宅、李希烈宅。这两位权贵一个是佞幸，一个是叛臣，结局都很悲惨。

李希烈

残暴无道的叛臣遭灭门

李希烈，燕州辽西（今北京市顺义区）人，淮西节度使李忠臣的族侄。年轻时从军，跟着李忠臣打仗，勇武过人，颇有战功，被升为光禄卿。叔叔李忠臣军政不修，贪暴恣肆，被部下驱逐，李希烈依旧留在军中。德宗继位后，他被升为淮宁军节度使。和叔叔李忠臣一样，李希烈为人也残酷狠毒，血流成河的战场上，不断有人惨死，他饮食谈笑自若；压迫百姓为其修路筑工事，工程延期，便活生生拿百姓填路，麾下的将士对他十分畏惧。建中三年（782），李希烈联合王武俊、李纳、田悦、朱滔各自称王，公然反叛，于次年年底占领汴州，自称皇帝，国号楚。

李希烈入汴州时，听说户曹参军窦良的女儿很美，强娶为妾。窦氏被霸占以后安慰父亲说："父亲别难过，女儿能灭贼。"后来窦氏很得宠，经常能参与叛军的密谋。她得到宠幸后开始实行自己的复仇计划：她表面上以帮助李希烈拉拢亲信陈仙奇为由，亲近陈仙奇的妻子，暗地里挑拨李希烈和陈仙奇的关系。贞元二年（786）三月，李希烈被部下陈仙奇毒死，陈仙奇还诛杀了其兄弟妻子，归顺朝廷。

长安里坊

延祚坊

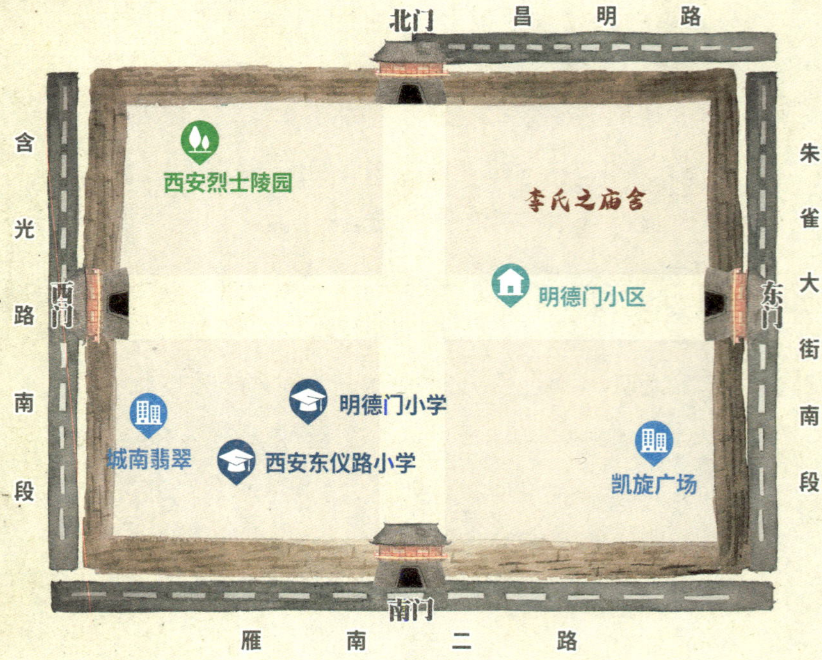

延祚坊里分布有李氏之庙舍。

李氏之庙舍

复仇女侠杀子断情

1956年，西安韩森寨出土的崔慎思墓志记载，崔慎思，元和五年二月十七日，殁于长安延祚坊李氏之庙舍。在李氏之庙舍去世的崔慎思，有一段侠气冲天的爱情故事。

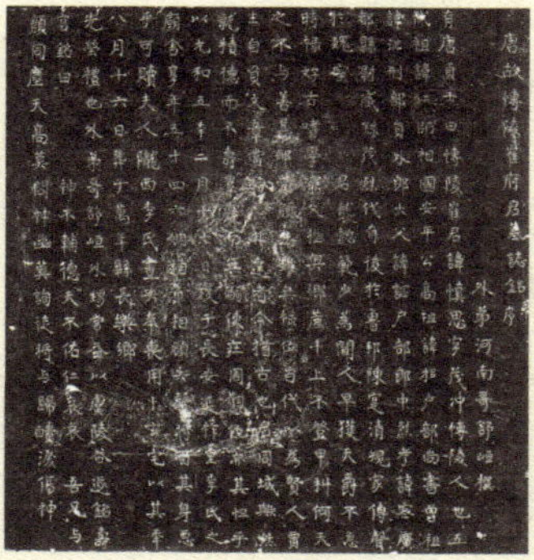

图为崔慎思墓志，现藏于西安碑林博物馆

《太平广记》里记载，唐德宗贞元年间，博陵人崔慎思中了举人，由于在京城没有住宅，就租了别人一个空院子居住。房东是一个三十多岁的寡居少妇，带着两个婢女，住在隔壁的院子。崔慎思窥见她颇有姿色，就派人传话，想娶少妇为妻。妇人说：“我和你不般配，以后不能让你后悔呀。还是做你的妾室吧。”

崔慎思如愿以偿，很是高兴，婚后两年间，两人恩爱异常，妇人对崔慎思百依百顺，从无倦色，还给他生了一个儿子。孩子出生几个月后的一天夜里，崔慎思如常关窗放帘睡觉，到了半夜，发现自己的媳妇不见了。崔慎思很惊慌，他甚至怀疑妇人与别人通奸，愤怒至极。正当他在堂前走来走去、犹豫不定时，忽见妇人从房顶上下来，身扎白腰带，右手拿匕首，左手提一人头，血淋淋的，还在滴血。

妇人对他说，她父亲早年被郡守无辜杀害，她进城去报仇，已等好几年没得手，今大仇已报，不可久留，在此告别。于是整理一下衣服，拿着用灰布口袋装着的人头，对他说："能够给你做两年妾，而且还育有一子，是我一生中的幸事。这房子和两个婢女都是我自己置办的，赠送给你，以便养育孩子。"

告别后，跳墙越舍而去，崔慎思惊魂未定。一会儿，她又返回，说："刚要走，忘了给孩子喂奶。"进入室内，好久才出来，说："孩子已经喂完了，永别了。"

他没听到孩子的哭声，觉得奇怪，便进屋去看，孩子已被她杀死。女子为了断绝思念之情，下狠手杀死自己的孩子，古时的侠客没有能超过她的。

此图是新疆阿斯塔那 187 号墓出土的《双童图》，是唐代时期的画作，可以看出唐代小孩的衣着：身穿彩条背带长裤，脚着红鞋。左边的孩子还抱着小狗，颇为可爱

长安里坊

安义坊

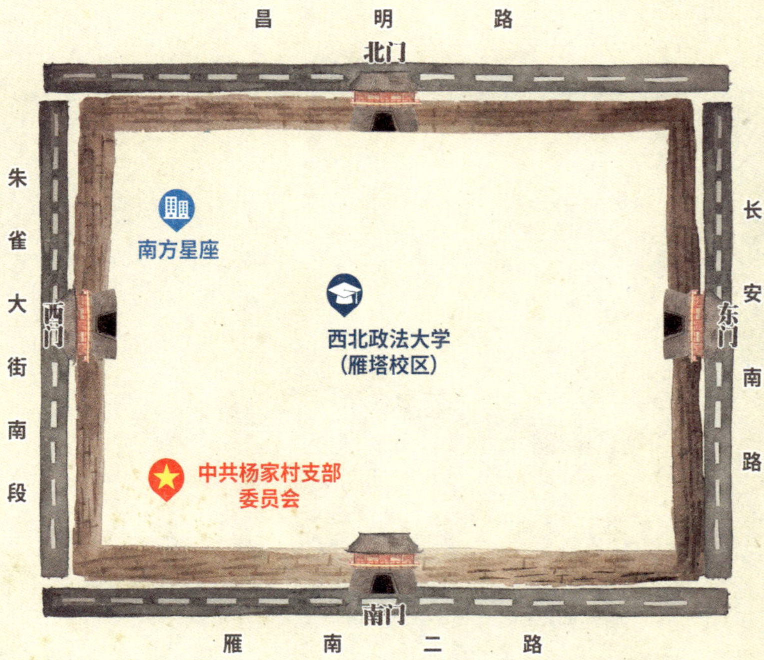

安义坊较为偏远，有故事的名建筑不多。不过，唐玄宗在开元二十五年（737）在此立的贞顺武皇后庙倒颇值得一提。

贞顺武皇后

她要是活着，或许真没杨贵妃什么事儿了

安义坊里的贞顺武皇后庙是为唐玄宗李隆基的爱妃武惠妃而立，玄宗深爱她多年，她是玄宗时期的宫斗高手，可惜红颜早逝，否则杨贵妃可能根本进不了后宫。

武惠妃是武则天的侄孙女，他父亲去世以后，小小年纪就被送到宫里，在武则天庇护下长大。武则天是一

图为贞顺皇后也就是武惠妃敬陵出土的彩绘石椁。这件石椁是我国已发现唐代形制最大、内容最丰富、保存最完好的石椁之一。石椁上彩绘、雕刻图案很多，内容有珍禽瑞兽、花草树木、人物等，极其精美。这样罕见的高规格墓葬足见玄宗对武惠妃的喜爱程度。这件石椁曾经被盗墓集团贩卖到国外，6 年后被追回，现藏于陕西历史博物馆

个集美貌、睿智、心机于一身的成功女人，有了这个榜样，武惠妃应该学到了不少宫斗真经。更何况在宫里长大，应该也熟悉了宫里人交往的伎俩，后宫生活对武惠妃来说，可谓如鱼得水。在玄宗时期，她长时间专宠，步步高升，成为皇后以下地位最高的惠妃，礼节等同皇后。家人也被封爵，权势极盛。

武惠妃给李隆基生了四子三女，前两个儿子早夭，对三儿子李瑁极为宠爱，并为他娶了当时最漂亮的杨家姑娘玉环为妻子。民间也有说杨玉环长得和年轻时的武惠妃特别像，武惠妃才挑中这个媳妇的。她为了帮李瑁夺取太子之位，把包括太子瑛在内的三个皇子陷害至死，自己从此得了疑心病，早早就去世了。她过世后，玄宗非常伤心，不计较她陷害自己三个儿子的大罪，甚至追封她为皇后，谥“贞顺”，可见他有多爱武惠妃。

民间相传，李隆基是因为思念武惠妃，才找样貌相似的杨贵妃进宫的。不过推想，如果武惠妃在世，应该也不会同意玄宗抢自己宝贝儿子的媳妇。所以，如果武惠妃还活着，或许真的没有杨贵妃什么事了。

长安里坊

安德坊

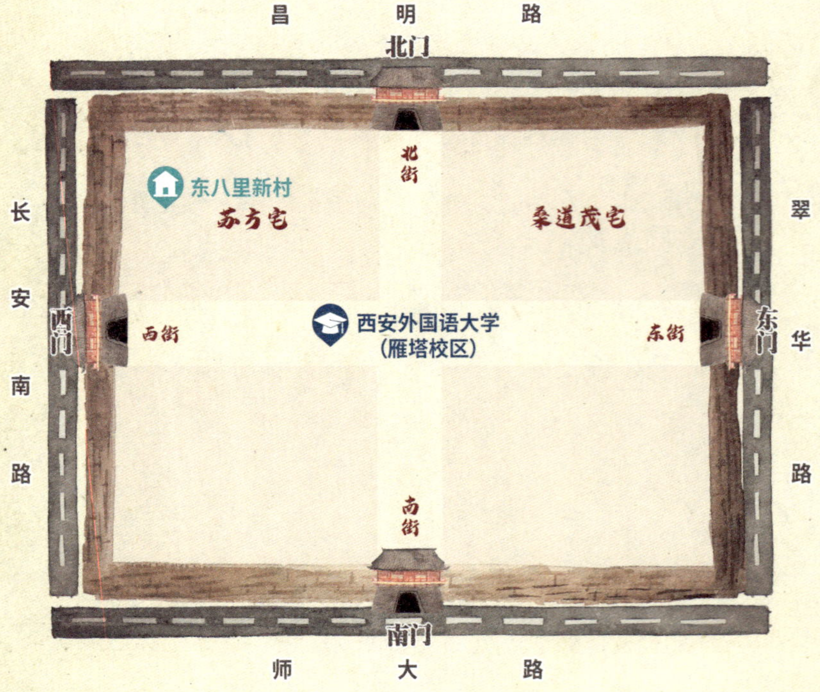

安德坊是京城最靠南的里坊，里面有右武卫将军苏方的宅子，还有江湖术士桑道茂的宅邸。

桑道茂

唐代预言大师

桑道茂，唐朝的一介布衣，精通太一遁甲之术和五行灾异之说，是当时的预言大师，就连新旧《唐书》中都对他的事迹有不少记载。民间更是纷传他能预测未来，他的故事颇有传奇色彩。

相传，桑道茂居所前有两棵柏树长得很茂盛，他说："居所前树木茂盛，人就应该离开。树木茂盛则土地衰，土地衰则人生病。"于是他在柏树下埋了一些铁，然后说："如果有人将铁挖出来，这家主人就会死去。"后来，大臣温造居住在此，将桑道茂埋在柏树下的铁挖了出来，温造果然去世。

乾元初，唐肃宗李亨派郭子仪等节度使率领20万大军围攻叛贼安庆绪（安禄山之子）盘踞的相州，胜利在望。当时桑道茂身在唐军包围圈内，私下对别人说："三月壬申日，西边围城的官军将会溃败。"到了三月壬申日，唐军果然兵败，被迫撤离了相州。

唐德宗时，桑道茂待诏翰林院。桑道茂上书说："国家不出三年会有大难，奉天城有天子气，应该加高加厚城墙，作为天子的居所，让它可以容纳千军万马。"唐

图为唐代李昭道《明皇幸蜀图 》，描绘了安史之乱唐玄宗避难四川的情景，如今看来，这一幕不仅仅是唐明皇幸蜀，也拉开了唐代由盛转衰的序幕

德宗一向知道桑道茂的预言很灵验，于是下诏让京兆尹役使民工数千人，并调用神策军去加高加厚城墙。当时正值盛夏，民工和士兵加速施工砌墙，人们都不知道为

何要这么做。后来泾原兵变，京都长安失陷，唐德宗仓皇逃命到奉天。奉天城池坚固，粮草充足，叛兵围攻奉天一个多月，始终不能攻破，众人这才明白当初桑道茂上书的用意。

名将李晟任右金吾卫大将军时，勇武有谋，忠肝义胆。桑道茂带着一匹布去拜见李晟，说："您将来会显贵无比，然而我的命在您手上，您能赦免我吗？"李晟大惊，不明白桑道茂在说什么。

桑道茂从怀中取出一张纸，写上自己的姓名，又在左边注明："被贼人逼迫。"然后恳求李晟批准。李晟感到可笑，说："你想让我写什么？"桑道茂说："老弟就写'情况属实，予以赦免'。"李晟照做了。接着桑道茂又用一匹布请求交换李晟身上穿的衣衫，并请求李晟在衣襟上题写："它日为信。"然后施礼告辞。

后来，泾原兵变，朱泚攻占长安，自立为帝。桑道茂和很多没有逃走的唐朝官员被迫留在朱泚朝内当官。兴元元年（784），李晟率军击败朱泚，收复了长安。桑道茂和那些在朱泚朝内当官的人，被抓捕处斩。在临刑前，桑道茂向监斩官员出示了李晟的衣裳以及赦免书。李晟向唐德宗奏明了情况，桑道茂得以赦免。

当时，藩镇割据，几乎年年反叛，桑道茂就说："年号要是改为'元和'，藩镇叛贼就该被灭了。"唐宪宗继位后，立年号为"元和"，削平藩镇，大唐有了中兴的迹象。

桑道茂的神预言一次次应验，时人惊诧不已。唐诗有云："谁云术士桑道茂，默观休咎未来中。"

图书在版编目（CIP）数据

趣话长安里坊．①／左其诚著．—西安 ：三秦出版社，2022.7
（走马长安系列）
ISBN 978-7-5518-2598-6

Ⅰ．①趣… Ⅱ．①左… Ⅲ．①长安（历史地名）—城市史—隋唐时代 Ⅳ．①K928.6

中国版本图书馆 CIP 数据核字（2022）第 057191 号

《走马长安系列》

趣话长安里坊①

左其诚　著

出版发行　陕西新华出版传媒集团　三秦出版社
社　　址　西安市雁塔区曲江新区登高路 1388 号
电　　话　（029）81205236
邮政编码　710061
印　　刷　陕西龙山海天艺术印务有限公司
开　　本　889mm×1194mm　1/32
印　　张　9
字　　数　140 千字
版　　次　2022 年 7 月第 1 版
印　　次　2022 年 7 月第 1 次印刷
标准书号　ISBN 978-7-5518-2598-6
定　　价　88.00 元

网　　址　http://www.sqcbs.cn